本书系教育部中外语言交流合作中心国际中文教育重点创新项目
"西北非洲中文教育状况调研——以毛里塔尼亚、摩洛哥、阿尔及利亚

中文"走出去"

"一带一路"
国际中文教育推广国别调研报告

付鸿彦　著

中国财富出版社有限公司

图书在版编目（CIP）数据

中文"走出去"："一带一路"国际中文教育推广国别调研报告／付鸿彦著. —北京：中国财富出版社有限公司，2022.9

ISBN 978 - 7 - 5047 - 7778 - 2

Ⅰ. ①中…　Ⅱ. ①付…　Ⅲ. ①汉语—对外汉语教学—调查报告　Ⅳ. ①H195.3

中国版本图书馆 CIP 数据核字（2022）第 182717 号

策划编辑	谷秀莉	**责任编辑**	田　超　刘康格	**版权编辑**	李　洋
责任印制	梁　凡	**责任校对**	卓闪闪	**责任发行**	杨　江

出版发行	中国财富出版社有限公司			
社　　址	北京市丰台区南四环西路 188 号 5 区 20 楼		**邮政编码**	100070
电　　话	010 - 52227588 转 2098（发行部）		010 - 52227588 转 321（总编室）	
	010 - 52227566（24 小时读者服务）		010 - 52227588 转 305（质检部）	
网　　址	http：//www. cfpress. com. cn	**排　　版**	宝蕾元	
经　　销	新华书店	**印　　刷**	北京九州迅驰传媒文化有限公司	
书　　号	ISBN 978 - 7 - 5047 - 7778 - 2/H · 0164			
开　　本	710mm×1000mm　1/16	**版　　次**	2025 年 1 月第 1 版	
印　　张	11	**印　　次**	2025 年 1 月第 1 次印刷	
字　　数	192 千字	**定　　价**	62.00 元	

前　言

中国特色社会主义进入了新时代，"一带一路"倡议的实施进入新阶段，国际中文教育也面临着新的发展节点。在新时代背景下，分析国际中文教育诸多方面所面临的新形势、新挑战，并探索未来的发展之道，是国际中文教育当前的重要任务之一。

具体来说，本书从以下五个方面做了初步探索。

一是开展了毛里塔尼亚、摩洛哥、阿尔及利亚三个西北非洲代表性国家的国际中文教育状况调研，包括当地经济社会发展情况、对华关系情况、当地华侨华人团体与中资企业情况以及当地国际中文教育状况。

二是调研、分析了知名国际语言推广机构法国法语联盟、德国歌德学院、西班牙塞万提斯学院及英国文化教育协会的经验，包括发展历史、组织管理、教学管理等情况。

三是从国际中文教育本土化发展及评估、国际中文教育市场化发展及评估、国际中文教育"中文＋职业技能"发展及评估、国际中文教育传播力及评估四个方面构建了国际中文教育推广策略及评估模式。

四是设计了国际中文教育本土化发展问卷、国际中文教育市场化发展问卷、国际中文教育"中文＋职业技能"发展问卷及国际中文教育传播力问卷，开展了国际中文教育推广策略评估模式的实证研究，分析了这四个方面存在的问题、成因并提出了提升策略。

五是从加快建设与推广国际中文教育标准体系、推动中文成为更多国际组织的官方语言、完善国际中文在线教育模式、推进"中文＋职业技能"教育模式、增强国际中文教育系列品牌创新与传播力、加强本土中文教师培养、探索国际中文教育市场运行模式、促进孔子学院可持续发展八个方面提出了新时代加强国际中文教育推广的思考与建议。

本书的适用对象为国际中文教育研究者、国际中文教育推广教师以及其他有关研究与教学工作者。本书凝结着众多人的智慧。本书系教育部中外语言交流合作中心国际中文教育重点创新项目"西北非洲中文教育状况调研——以毛里塔尼亚、摩洛哥、阿尔及利亚孔子学院为例"的项目成果。感谢教育部中外语言交流合作中心的大力支持！感谢河北大学外国语学院的闫苗苗、范子萱、王韬、赵云洋同学，他们在外语资料的收集与整理方面做了大量工作。感谢河北大学管理学院的宋耀晨同学以及河北大学国际交流与教育学院的安丽芳、王欢、刘英超同学，他们在数据分析与文献整理方面也贡献了智慧和力量。最后还要对本书出版给予关心与支持的其他领导与师友表示衷心的感谢！

目　录

第一章

西北非洲国际中文教育状况调研

一、"一带一路"背景下的西北非洲国际中文教育

为了适应世界经济格局变化，2013 年，习近平总书记先后提出建设"丝绸之路经济带"和"21 世纪海上丝绸之路"，简称"一带一路"。"一带一路"倡议发起后，中国与沿线国家和地区不仅在经济上实现了合作与对话，更在文化交流上开展了更为广泛的活动，文化交流超越文化隔阂，文化互鉴超越文化冲突，推动各国互相理解、尊重及信任。

相较于其他非洲国家，毛里塔尼亚拥有独特的地理位置和政治环境，在共建"一带一路"中，起着不可或缺的作用。随着两国合作的深入，毛里塔尼亚越来越重视中文的学习。

摩洛哥地理位置极其特殊，地处古丝绸之路的最西端，与欧洲最近处距离仅 14 公里，是连接非洲、欧洲和中东的枢纽，甚至可以扩展到其他阿拉伯国家。摩洛哥是北非地区首个与中国签署共建"一带一路"合作规划的国家①，在"一带一路"倡议下，中国与摩洛哥两国经贸合作不断发展，亮点纷呈。摩洛哥是中国在非洲的第十大贸易伙伴，中国是摩洛哥第三大贸易伙伴。摩洛哥积极实施多元化战略，响应中国"一带一路"倡议，特别是在吸引中国投资和承接产业转移方面做出积极行动，尽快实现其迈向新兴国家的目标，在非洲发挥更大影响力。

在"一带一路"倡议下，中国大力援助阿尔及利亚的基础设施建设，因此阿尔及利亚政府也十分重视与中国在相关领域的合作，国内的人民对中国的好感度非常高。

语言是文化的载体，是了解一个国家的重要工具。随着中国与西北非洲

---

① 黄培昭．"携手实现共同发展和繁荣"：访摩洛哥前经济与财政大臣瓦拉卢［N］．人民日报，2022 - 02 - 12（3）．

在政治、经济等多个领域的合作交流越来越深入和频繁，中文在这些国家也越来越热门，越来越多的人开始学习中文。"一带一路"倡议不仅促进了沿线国家和地区的经济增长，还创造了许多就业岗位，因此很多外国人开始学习中文。对于他们来讲，学习中文不仅能开阔视野，更能帮助他们获得实实在在的就业机会①。

二、毛里塔尼亚国际中文教育状况调研

（一）毛里塔尼亚经济社会发展情况

毛里塔尼亚伊斯兰共和国简称为毛里塔尼亚，位于非洲大陆北部西端，毛里塔尼亚民族众多，各个民族又有各自的语言，阿拉伯语为官方语言，法语为通用语言。

毛里塔尼亚于1920年成为"法属西非洲"的一部分，于1960年正式独立。经过多次修宪，毛里塔尼亚实行总统制，总统为国家元首，建立议会制和多党制，国民议会为国家唯一立法机构。

目前，毛里塔尼亚政治形势相对稳定，但是经济上仍然亟待发展，属于世界上极不发达地区之一。受到干旱气候与沙漠地貌的限制，毛里塔尼亚的主要农业活动为畜牧业与渔业，耕地仅限于西南边境的塞内加尔河沿岸和撒哈拉沙漠中的绿洲地区，主要农作物有高粱、椰枣、水稻及玉米。因耕地有限，毛里塔尼亚的主要粮食供给依赖国际贸易，无法自给自足。毛里塔尼亚的主要经济来源为矿业和渔业，其中以铁矿石的开采最为重要。近年来，毛里塔尼亚油气产业有所发展，一定程度上拉动了国内经济增长，但总体上对外依赖较为严重，需要其他国家和国际组织援助。中国是毛里塔尼亚第一大贸易合作伙伴。现阶段，毛里塔尼亚经济发展压力仍旧较大，其经济结构较为脆弱，对国际经济金融危机的抵御力较低，国内人民的生活水平也较低，贫困人口占全国人口的42%，医疗条件较差，2020年人口自然增长率仅为2.78%。

---

① 刘瑞，阎丽. 中国与"一带一路"沿线国家贸易增长能否助推"稳就业"：基于行业间就业溢出效应的视角［J］. 山西财经大学学报，2022，44（9）.

毛里塔尼亚在文化和政治上是阿拉伯国家的一部分：它是阿拉伯国家联盟的成员，阿拉伯语是唯一的官方语言。法语反映了其殖民遗产，被广泛使用，并成为通用语言。毛里塔尼亚是多民族国家，白摩尔人占 30%，哈拉廷人（黑摩尔人）占 40%，非洲黑人占 30%。

（二）毛里塔尼亚对华关系情况

1965 年 7 月 19 日，毛里塔尼亚与中华人民共和国建交，自建交以来，两国关系的发展较为稳定。两国在根本政治问题上相互尊重，相互支持。近年来，通过多个论坛、峰会以及共建"一带一路"，两国不断加强各领域的友好交往，两国关系也进入了全面快速发展的新阶段。

中国多次向毛里塔尼亚提供经济援助。中国援毛里塔尼亚的项目主要为基础设施建设与农牧业发展，包括友谊港、伊蒂尼水利工程、三角洲公路、首都雨水排放系统、基法医院、政府办公楼、努瓦克肖特青年之家、国家博物馆、奥林匹克体育场、农业和畜牧业技术示范中心等。这些中方援建的项目遍布毛里塔尼亚各地，是毛里塔尼亚经济发展和民生保障的重要引擎。

此外，中国政府积极致力于帮助毛里塔尼亚改善医疗基础设施。自新冠疫情以来，中国第一时间与毛里塔尼亚分享抗疫经验，中国政府、大使馆、中资企业及华侨社团累计向毛里塔尼亚捐赠二十多批防疫物资，包括疫苗、呼吸机、口罩、防护服等。两国政府和人民同舟共济、守望相助，书写了中毛友好新篇章①。

2018 年 10 月，两国政府续签文化合作协定。中国多次派艺术团访问毛里塔尼亚并举办"欢乐春节"演出，文化和旅游部也曾多次邀请毛里塔尼亚的艺术家来华交流。2006 年和 2014 年，毛里塔尼亚文化与传统工业部部长访华并出席中阿文化论坛。2019 年以来，毛塔留华毕业生协会、"丝绸之路"毛中文化交流中心等多个民间组织相继在毛里塔尼亚成立，为中国与毛里塔尼亚的人文交流提供更多平台。

---

① 胡美. 中国和毛里塔尼亚医疗卫生合作的现状与未来［J］. 河北科技大学学报（社会科学版），2018，18（3）.

中国和毛里塔尼亚两国于 2000 年 4 月签署贸易、经济技术合作协定，并在 2010 年和 2017 年举行经贸混委会，经贸混委会频率与广度均有增加。

中国是毛里塔尼亚第一大贸易合作伙伴。毛里塔尼亚的矿产资源非常丰富，向中国出口的商品主要是铁矿砂、铜矿砂等，而中国有着丰富的制造业商品，主要向毛里塔尼亚出口日用品、机电产品、纺织品和高新技术产品等。

（三）当地华人华侨团体与中资企业情况

毛里塔尼亚历史上与中国交往较少，由于其国内人口较少，经济发展水平较低，因此在毛里塔尼亚的华人华侨数量较少，且主要为商业人口。

毛里塔尼亚中资企业多集中于基建等行业，承担了毛里塔尼亚众多建设工程。其中，保利科技有限公司承建的毛里塔尼亚综合港口于 2016 年奠基开工，是毛里塔尼亚第一个综合港口，对毛里塔尼亚的海运货运、渔业都有战略性推动作用。其他中资机构包括宏东渔业股份有限公司、中国水产总公司驻毛塔代表处等。

（四）毛里塔尼亚国际中文教育状况调研

毛里塔尼亚由于国内经济发展水平不高，所以政府十分重视人才培养，发展教育事业已经成为脱贫的重要途径。全国共有 5 所高等院校，建设最好、知名度最高的是位于首都的努瓦克肖特大学，其他几所高等院校分别是高等伊斯兰学院、高等师范学院、高等科学院、国家行政学校。

1. 当地语言教育情况

毛里塔尼亚因受国情、历史与经济条件限制，开设中文学习课程较晚。努瓦克肖特大学于 1987 年 10 月开始设立中文专业，学制 3 年，由我国教育部中外语言交流合作中心（原中国国家汉语国际推广领导小组办公室）派遣中文教师到校任教。2009 年，毛里塔尼亚努瓦克肖特大学汉语课堂落成，当时中文班有两位中国教师及 30 多名学生。该教室由中国驻毛里塔尼亚大使馆出资修缮，并配备复印机、电视机、投影仪、电脑等设备。中国驻毛里塔尼亚大使馆非常重视中文班在传播中国文化方面作用，使馆促成毛方提供专门的场地，在中国教师积极操持下，建立了努瓦克肖特大学汉语课堂①。汉语课堂从无到有，良好的教学环境和条件令外系羡慕不已。截至 2021 年 9 月，我国共向该大学派遣 48 位中文教师。开设课程有语音、听力、语法、精读、中国文化、写作等。毛里塔尼亚的中文教学受到该国经济发展现状与文化发展情况制约，发展缓慢，未来仍有较大的进步空间②。

2. 孔子学院（课堂）及其他机构设置情况

2017 年 4 月，努瓦克肖特大学与河北大学签署了合办孔子学院的协议。2018 年 5 月，努瓦克肖特大学校长艾哈迈杜·乌尔德·哈欧巴到河北大学访问，并与河北大学党委书记进行会谈，河北大学的毛里塔尼亚留学生也参与了本次会谈。经历了两年的筹备工作，2019 年 6 月，努瓦克肖特大学孔子学院正式成立。努瓦克肖特大学孔子学院是毛里塔尼亚第一所孔子学院，由教育部中外语言交流合作中心批准，河北大学和毛里塔尼亚努瓦克肖特大学共同合作建立③。孔子学院总部提供指导与支持，中外合作大学积极合作，中外方院长密切配合，努瓦克肖特大学孔子学院在形象宣传、文化活动、招生宣传、制度建设方面稳步、有序进行，基本运行良好。

自 2019 年建院以来，努瓦克肖特大学孔子学院举办了各类文化活动，参与人数上千人。其中揭牌期间河北大学艺术团开展文艺演出，场地分别在努瓦克肖特大学校区、中国驻毛里塔尼亚大使馆、毛里塔尼亚华人商会驻地；开展庆祝中国教师节活动、孔子学院"开放日活动"、中医讲座和庆祝中华人民共和国成立 70 周年图片展览。"开放日活动"由努瓦克肖特大学人文学院与孔子学院联合举办，首次"开放日活动"就有 300 余人出席。

努瓦克肖特大学孔子学院主要从事中文教学、中文水平考试（HSK）、孔子学院奖学金推荐、中毛文化教育交流合作等工作。

2020 年，努瓦克肖特大学孔子学院进行首次中文水平考试，这也是毛里塔尼亚境内第一次举办中文水平考试。2021 年，努瓦克肖特大学孔子学院成立当代中国与毛里塔尼亚研究中心，这是促进中国与毛里塔尼亚文化与教育

---

① 鲍喜．毛里塔尼亚努瓦克肖特大学中文系汉语教学现状调查报告［D］．西安：陕西师范大学，2019.

② 尤八达．毛里塔尼亚汉语学习者中国文化学习需求调查研究［D］．长春：吉林大学，2022.

③ 沈晓兰，张明辉．毛里塔尼亚现代努瓦克肖特大学简介［J］．中国投资（中英文），2021（ZB）.

交流的重要举措，为两国学术研究和信息交流提供了又一重要平台。该中心有利于汇集中国和毛里塔尼亚的教育和学术资源，为研究中国与毛里塔尼亚关系的学者提供借鉴，有利于促进两国人文交流，为发展各领域合作建言献策，为构建人类命运共同体贡献力量。

三、摩洛哥国际中文教育状况调研

（一）摩洛哥经济社会发展情况

摩洛哥王国简称摩洛哥，首都是拉巴特，最大的城市是卡萨布兰卡。摩洛哥北临地中海，西面大西洋，东与阿尔及利亚接壤，南部为西撒哈拉。摩洛哥国土面积为 45.9 万平方公里（不包括西撒哈拉 26.6 万平方公里），官方语言是阿拉伯语，法语也被广泛使用。

摩洛哥在 1956 年获得独立。自独立以来，摩洛哥一直保持相对稳定，在非洲和阿拉伯世界都具有重要的影响力，是一个中等收入国家。摩洛哥为君主立宪制国家，国王是国家元首、宗教领袖和武装部队最高统帅。

摩洛哥是联合国成员，也是非洲联盟（AU）、阿拉伯国家联盟（LAS）、阿拉伯马格里布联盟（UMA）、伊斯兰合作组织（OIC）等组织的成员。为了获得经济和政治利益，摩洛哥与西方国家有着紧密的联系。摩洛哥的主要贸易伙伴有法国和西班牙，法国是摩洛哥的主要债权国和投资国。

摩洛哥的经济被认为是相对自由的经济，受供求规律的支配。摩洛哥是非洲经济事务的主要参与者，按国内生产总值计算，在 2023 年，它是非洲第五大经济体。

摩洛哥气候多样，北部为地中海气候，夏季炎热干燥，冬季温和湿润。虽然其地处非洲，但是拥有绵长的海岸线，常年气候宜人，风景如画，所以当地旅游业极为发达，在摩洛哥经济中占比极高。2016 年 6 月 1 日起，摩洛哥给予中国公民免签待遇，自此之后中国游客数量增多。

（二）摩洛哥对华关系情况

中国和摩洛哥于 1958 年 11 月 1 日建立外交关系，建交 60 多年来，两国关系持续健康发展，政治友谊不断加深，双方互访频繁。

（三）当地华人华侨团体与中资企业情况

摩洛哥是非洲经济较发达的国家之一，近几十年来，大量中国人前往摩洛哥工作。摩洛哥较重要的华人华侨团体为摩洛哥华人华侨工商联合会、摩洛哥华人商会、摩洛哥中资企业协会等。

在摩洛哥的主要中国企业包括中国海外工程有限责任公司、中国葛洲坝集团国际工程有限公司、中国铁建国际集团有限公司、山东电力建设第三工程有限公司、中国港湾工程有限责任公司、华为技术有限公司、中兴通讯股份有限公司等，涵盖能源、基础设施、通信等行业①。

（四）摩洛哥国际中文教育状况调研

摩洛哥的中文教育比其他西北非洲国家发展得更早，水平更高②。目前，摩洛哥有三所孔子学院，分别是穆罕默德五世大学孔子学院、哈桑二世大学孔子学院和阿卜杜·马立克·阿萨德大学孔子学院。

穆罕默德五世大学孔子学院是摩洛哥的第一所孔子学院，由北京第二外国语学院和穆罕默德五世大学合作建设。随着两国人民相互了解的加深，摩洛哥人民对中国，特别是中国语言和文化的兴趣越来越浓厚。穆罕默德五世大学孔子学院的成立，无疑为摩洛哥人民，特别是年轻人提供了一个学习中文和了解中国文化的新平台。孔子学院的教学活动包括摩洛哥汉语教学研讨会、"武术入门"讲座、中国文化日、中文技能比赛、"汉语桥"比赛以及"孔子学院日"。2017 年 1 月 20 日，第四届摩洛哥汉语教学研讨会在拉巴特的穆罕默德五世大学孔子学院召开，此次研讨会非常有利于新老教师的互助学习，有利于当地孔子学院扩大教学规模。

哈桑二世大学孔子学院以中文教学和学术交流为基础，在摩洛哥开展了

---

① FOUZIA CHARKI. 基础设施对贸易发展的影响"一带一路"倡议下的摩洛哥分析 ［D］. 济南：山东财经大学，2021.

② 高萌. 面向 2030 年的摩洛哥高等教育改革：背景、策略与挑战 ［J］. 法语国家与地区研究，2021（4）.

丰富多彩的文化推广活动和学术研讨活动①。传统文化品牌项目有"伊本·白图泰"杯中文诗歌朗诵比赛、文化大篷车活动等。目前,教育部中外语言交流合作中心已在摩洛哥开设了多个中文教学点,注册学生人数稳步增长。2016年,孔子学院在哈桑二世大学艾因谢高文学院设立了中文项目,将中文教学纳入摩洛哥高等教育体系。除了传统的面授方式,孔子学院从2015年起在摩洛哥开设了在线远程教学。作为两国教育文化交流的桥梁,孔子学院先后接待了中国和摩洛哥多位领导。

阿卜杜·马立克·阿萨德大学孔子学院由江西科技师范大学和阿卜杜·马立克·阿萨德大学合作建成,这是摩洛哥的第三所孔子学院,也是江西科技师范大学合建的第一个孔子学院。2017年,阿卜杜·马立克·阿萨德大学孔子学院在丹吉尔举行了建院以来首次HSK。此次考试包含了HSK一级至HSK四级四个考试级别,40余名中文学习者参加了本次考试。2018年,江西科技师范大学承办摩洛哥孔子学院来华夏令营项目,摩洛哥的学生来到江西南昌亲身体验中国文化,很多同学表示第一次来中国就深深地爱上了中国和中国文化。

2021年以后,孔子学院举办多次中华文化体验活动并与当地中资企业建立联系。

四、阿尔及利亚国际中文教育状况调研

(一)阿尔及利亚经济社会发展情况

阿尔及利亚全称为阿尔及利亚民主人民共和国,是北非马格里布地区的一个国家。东与突尼斯、利比亚毗邻,东南与尼日尔接壤,西南与马里、毛里塔尼亚和西撒哈拉接壤,西与摩洛哥接壤,北与地中海相邻。它具有半干旱的地理环境,大部分人口生活在肥沃的北部,而撒哈拉则主导着南部的地理环境。

阿尔及利亚是世界上领土面积排名第十大的国家,也是非洲领土面积最

---

① 陈欣悦. 摩洛哥哈桑二世大学孔子学院初级汉语学习者课堂学习需求分析 [D]. 上海:上海外国语大学,2017.

大的国家。阿尔及利亚拥有 4560 万人口（2023 年）。首都和最大的城市是阿尔及尔，位于地中海沿岸的最北部。

阿尔及利亚大多数是阿拉伯人和柏柏尔人，官方语言为阿拉伯语，通用法语。

（二）阿尔及利亚对华关系情况

1958 年 12 月 20 日，阿尔及利亚和中国建立外交关系。两国关系十分牢固，虽然两国关系以商业关系为基础，但外交关系已明显扩展到社会文化和政治领域。2014 年，中阿双边关系被提升为全面战略伙伴关系，两国关系得到进一步巩固。这一伙伴关系的目标是加强两国各个层面的交流，巩固政治互信，促进务实合作。

（三）当地华人华侨团体与中资企业情况

阿尔及利亚的华人因为贸易和商业以及支持基础设施项目等原因来到阿尔及利亚。驻阿尔及利亚的中资企业多为基础设施建设与矿业、石油行业国企，其中规模最大、投资最多、驻阿人员最多的企业有中国石化、中国石油、中铁建工集团、中兴、华为等企业。

阿尔及利亚的华人华侨组织有阿尔及利亚中华商会等。

（四）阿尔及利亚国际中文教育状况调研

1. 当地语言教育情况

阿尔及利亚的官方语言为阿拉伯语，而法语在外事和商务场合仍然占有重要地位，近年来为了提高国家科研竞争力，开始出台政策提升英语地位[①]。伴随经济全球化和中国"一带一路"的建设以及两国友谊的稳步发展，中文在阿尔及利亚的语言使用中也占有一席之地。

---

① 程晓玲，唐满. 阿尔及利亚独立后的语言政策研究［J］. 齐齐哈尔大学学报（哲学社会科学版），2022（5）.

阿尔及利亚主要大学有阿尔及尔大学、胡阿里·布迈丁科技大学等。其在西北非洲的中文教学规模强于毛里塔尼亚，弱于摩洛哥，迄今为止，全国有十多所大学开办有中文专业或是短期中文培训班。2016年来，每年都有阿尔及利亚学生赴华留学。

2. 其他中文教育机构设置情况

在中阿两国签署的文化合作协定框架下，中阿教育合作不断加强，交流日益密切。

从2013年至今，我国已录取了200余名阿尔及利亚青年学子，通过中国政府的国别奖学金到中国留学。

中国每年派遣多名中国留学生到阿尔及尔第二大学和特雷姆森大学进行为期10个月的交换学习。

每年4—6月，大使馆在阿尔及利亚举办"汉语桥"世界大学生中文比赛阿尔及利亚赛区预赛，获冠亚军的两名学生赴华参加总决赛和观摩活动。

第二章

国际语言推广机构模式的经验借鉴

一、法国法语联盟

（一）缘起及发展

法国法语联盟是一所教授法国语言和文化的优秀学校，是传播法国语言文化并且具有非营利性质的机构。1883 年，在法国外交家保罗·康朋等人的主导下，法国成立了法语联盟，法语联盟希望通过语言传播来增强民族的凝聚力和向心力，以便进一步形成合力，同时又在其他国家或地区传播法国文化，希望以此改变世界对法国的传统印象。该联盟总部位于巴黎，受到儒勒·凡尔纳、路易·巴斯德、斐迪南·德·雷赛布等众多大家耳熟能详的文化名流的支持。

法语联盟成立后，第一批境外分支机构在毛里求斯、巴塞罗那等国家相继建立，法语联盟分支数量急剧增长。但在两次世界大战中，法语联盟的发展受到阻碍，其分支机构也都被迫关闭。1944 年，法语联盟重新开张，之后联盟分支迅速壮大，稳步发展。2007 年，为了应对全球经济危机、更好地进行管理，法语联盟基金会成立，为全球法语联盟提供包括技术、培训和咨询等方面的支持。

在中国，法语联盟以推广法语和法国文化为主要任务。根据法语联盟的规定，每个法语联盟在其所在国家都是公益性的独立运行的机制，且不包含任何政治或宗教的活动。在中国的法语联盟都应该严格遵守中国当地的法律法规，如 2003 年颁布的《中华人民共和国中外合作办学条例》进行办校活动。

（二）组织管理

1. 组织使命及办学理念

法语联盟的组织使命是向全世界传播法语和法国文化。

学者吕冬和王明利等都阐述了法语联盟在中国的发展情况，通过分析法语联盟在中国的不同阶段的发展措施，吕冬总结出法语联盟的成功之处主要在于：一是坚持当地社会发展与社会风俗以及社会文化背景相结合，采取多样化的办学形式；二是因地制宜，各联盟依据当地实际情况和学员需求因地制宜地开设课程；三是多样化教学手段，注重学员能力的提升，尤其是听、说、读、写四种能力的提升；四是教师教学质量高，通过定期的教师培训交流，来保证教师队伍的高质量和专业化。① 王明利等则认为法语联盟的成功可以归因多层次的文化传播活动和自身灵活的组织形式，促使法语联盟起到了中国和世界法语文化之间的 "桥梁" 作用。②

关晓红从法语联盟的经费来源、办学方式和组织管理模式三方面对法语联盟的运作模式进行了研究，指出法语联盟各分支在统一的宗旨下根据各地法律采取灵活多样的办学方式，经费主要来源于政府赞助、自筹资金和文化教学活动等，在巴黎法语联盟总部的管理下，各分支机构自定章程、自行管理。她认为这样的模式有利于各分支机构独立自主、灵活办学。而法语联盟在中国实行的与名牌大学结为合作伙伴方式也让法语联盟大大提高了自身层次以及影响力。③

法语联盟诞生至今已 140 多年，在全球具有广泛影响。2015 年，法国外长法比尤斯指出，"法语联盟是法国的名片之一" "法语联盟在宣传法国方面发挥了重要作用，尤其是通过全球的法语联盟提供关于法国的文化与语言体验，人们可以更好地了解法国的优势"。④ 2007 年成立了法语联盟基金会，主要职能为：根据章程批准新的法语联盟分支的建立，在世界范围内发展法语教学；向不同国家派遣专家，提供技术与教学方面的建议，帮助各地法语联盟开展活动并维持与当地的外交关系；评估法语联盟的项目申请并提供相关帮助；鼓励文化交流，增强法语文化的影响力。法国法语联盟及其分支机构主要有以下三项基本任务：提供法语课程；传播法国思想和法语国家文化；促进文化多样性。

---

① 吕冬. 法语联盟教学发展对汉语国际教育海外推广的启示 [D]. 杭州：浙江大学，2012.
② 王明利，戚天骄. 法语联盟文化传播策略研究 [J]. 法国研究，2012 (1).
③ 关晓红. 法语联盟机构运作模式及对孔子学院的启示 [J]. 郑州航空工业管理学院学报，2015，33 (2).
④ 宁继鸣. 新常态：孔子学院的完善与创新 [J]. 国际汉语教育（中英文），2017，2 (3).

2. 机构分布

目前，全球有近千个机构分布于一百多个国家和地区，约有 43 万名学生参加法语联盟的课程学习，法语联盟拥有 160 个不同国籍的学生约 12000 名以上。

香港法语联盟于 1953 年成立，并且取得了很大的成功。1987 年澳门法语联盟成立。自 1989 年起，中国政府试图通过结合国内外形势在教育界广泛开展和外国的交流和合作，广州法语联盟成立。随后，在 20 世纪 90 年代，上海和北京的法语联盟也相继成立。1999 年，法语联盟驻华总代表处成立，为在中国的各个法语联盟提供服务，协调各地法语联盟之间的各项活动。2008 年，杭州和重庆的法语联盟也先后成立。

当前，中国法语联盟正处于法语教学和跨文化交际的重要节点。法语联盟已培养出数以万计来自各行各业的学员，是中国境内少有的经认证有资格承办全球认证的法语水平考试并颁发证书的权威机构。所有教师都具备一流的专业素质，在对外法语教学领域拥有丰富的经验和学识，配备先进的教学设备，用以支持多元化课程模式的开展，包括线下面授课程、线上远程课程、混合模式（线上线下交替进行）以及融合模式（线上线下同时进行）。课程教学采用小班授课模式，促进教师和学员间的互动交流，从而进一步培养学员的自信，助力其语言能力的快速提高。当然，法语联盟可以根据不同的机构或企业客户的需求定制专门的培训课程。

3. 资金管理

全球法语联盟的资金来源主要还是以教学带来的收入为主，各国本土机构有其独立的账户，自主经营、自负盈亏。外交部主要是以支付派遣人员工资的方式对法语联盟进行资金支持。另外，外交部也对基金会有资金支持，用于日常运营开销。但外交部的资金支持只占联盟收入总额的一小部分，其大部分资金来源于自身营业收入以及企业或基金会捐赠。全球法语联盟每年都需要向巴黎总部提交财务报告，由总部进行评估。对于长期经营不善的法语联盟，总部将责令其退出。

法语联盟基金会还负责以下事务：进行招聘和培训；协调法语联盟年会和地区联席会；提供资金支持；进行对外宣传，在基金会网站上发布最新信息和出版物；促进机构间合作，基金会与外交部、世界媒体集团、巴黎市政府等多家机构保持长期合作，为全球法盟提供资源。①

4. 办学方式

法语联盟的分支机构，主要采取加盟的办学形式，总部按统一标准授权加盟，如各地区欲申请加入法语联盟则需向法语联盟总部进行申请，由法语联盟总部对此地区的办学条件和需求进行审批，通过之后办理流程，并授予经营权以及名牌商标。每个法语联盟需要遵循总部的办学宗旨，并将每年的运营情况向巴黎总部进行汇报。此外，各分支机构本身都有独立的法律地位，与巴黎总部不构成上下级关系，不直接受到总部的限制和约束，可以根据地区的办学需求和规章制度进行调整，自主管理，因地制宜。而在我国，法语联盟根据我国的具体国情，中外办学，即采取独特的办学方式，与各高校建立学习合作关系，签订协议，共同组建理事会，共同管理日常事务。此外，法语联盟还积极与当地政府以及企业建立广泛联系，促进合作。

（三）教学管理

1. 课程管理

法语联盟的课程设置注重人性化，根据不同人群提供各种不同类型的课程，给学员较为丰富的选择，确保学员能够灵活选择学习时间。对课程等级的分类也较为细致，成人和青少年课程中都包含零基础、初级、中级、高级等不同水平的课程。并且根据法语水平测试等级，设置了 A1、A2、B1、B2、C1、C2 等不同级别的课程，有效针对不同语言水平学员的需求。课程与课时可根据个人、机构、企业的需求进行调整。法语联盟的课程体系完备，实行较为统一化、标准化的管理和教学模式。

法语联盟注重培养学生的各种能力，如听力理解、口语表达、书面理解等，教学建立在以交流为主的基础上。为了使教学更有效率，全部课程都是小班授课。法语联盟在注重法语语言教学的同时非常重视培养与激发学生对法国文化的兴趣，通过大力呈现当代法国和法语国家的文化，扩大国际语言和文化的交流。

---

① 刘殊. 法语联盟发展策略研究［J］. 文化创新比较研究，2019，3（8）.

2. 教材管理

法语联盟均使用法国原版教材，强调语言能力包括听、说、读、写等全面发展。以北京法语联盟为例，不同年龄段的学员使用的教材也有所不同：7~16 岁的学员使用 *Ludo et ses amis* 系列、*Tip Top* 系列、*Adosphère* 系列，成人学员使用 *Alter Ego +* 系列。教材充分考虑不同年龄学员群体的接受差异性，循序渐进，有利于提高教学质量。

3. 文化活动

法语联盟办学模式严格，教学手段灵活多变，通过举办各式各样的课外文化活动，以作为课堂教学的有效补充，既实现了"语言教学"的目标，也符合了"文化传播"的宗旨。①

法语联盟长期举办各种语言文化活动，如 2019 年法语联盟组织了超过24800 场文化活动，活动形式包括电影展映、视觉艺术、现场表演音乐节、戏剧、讲座展览、艺术表演等，遍布全年各个时间段。这些活动可以充分调动他们开展教学和文化活动的积极性、主动性，但教学和活动的质量难以得到切实保证。② 法语联盟将每年的三月定为法语活动月，举办一系列活动。除此之外，还积极利用网络社交平台扩大影响力，如微博、豆瓣等，每次活动都配有中文翻译或注释，即使是对法语只字不懂的人也能参与并享受其中。此外，法语联盟还会和中国各高校法语专业保持密切联系，每年举办各种语言文化竞赛活动，激发法语学习者的兴趣和热情，如法语歌曲比赛、翻译比赛、戏剧比赛等活动。

4. 学生管理

除了传统的按水平分类的初级、中级、高级课程，还有根据学生学习时间开设的短期紧凑型或长期轻松型课程；根据学生学习目的开设的兴趣班、考试培训班；针对学生的不同需求开设的专题培训、实践、职场法语、法律法语、商务法语等课程；还与大型企业合作，为其提供专门的定制课程。

法语联盟根据不同水平学生群体的学习特点来配备老师，如对于初级的学生，由中外教师合作教学；而对于中高级学生，全部由外籍教师教授。除此之外，学生拥有很大的自主权，可以灵活安排自己的课程时间和课程方式。

---

① 沈绍芸. 论法语联盟对新时代孔子学院的借鉴意义［J］. 科教导刊（下旬），2018（24）.
② 曹叠峰. 各国语言推广机构运营模式和决策机制的比较分析［J］. 湖南师范大学社会科学学报，2014，43（1）.

5. 教师管理

法语联盟以优良的师资、高质量的教学闻名，因此对教师的选拔也十分严格。所有教师均需持有对外法语教学文凭，上任前需经过专业培训并完成一定时量的教学实习。在中国，法语联盟的教师主要由法国、中国、比利时等地的教师组成，他们都是拥有对外法语教学文凭的专业教师。

在日常教学中，老教师常常对新教师给予极大的帮助，所有教师可以进入统一的公共平台参考其他教师的备课材料，互相交流学习。法语联盟十分注重对教师知识的更新及能力的培养，每年都会组织教师培训，培训内容所涉广泛，从语言学习理论、教材、教学法到新教学技术再到当地法律法规，使教师的个人能力得到不断提高。除此之外，法语联盟根据各国不同的国情和特点对所在国教师提供帮助，从语言学习特点到社会文化传统的角度介绍学生的特点，帮助教师更好地适应教学与生活。

二、德国歌德学院

（一）缘起及发展

歌德学院是德意志联邦共和国在世界范围内积极从事文化活动的文化学院。它的工作是促进国外的德语语言教学并从事国际文化合作。除此之外，通过介绍有关德国文化、社会以及政治生活等方面的信息，展现一个丰富多彩的德国形象。借助由歌德学院、歌德语言中心、文化协会、合作图书馆及信息与学习中心构成的网络，从事对外文化和教育交流的工作。同时，歌德学院也是公共以及私人文化机构、德国各联邦州和经济团体的合作伙伴。①

德国作为第一次世界大战主要的发起国之一，在政治、军事和经济上遭受重创。德国的有识之士凭借对外文化宣传的经验，遂产生了设立对外文化机构的想法，以改善自身形象并建立起统一的文化认同。

1925 年，在慕尼黑大学校长普菲尔施福特等人的倡议下，德意志学院成立。起初，该学院主要设立了民俗、音乐、历史文学等方面的专业，受众面积也小，后来德意志学院转型为致力推广语言。1951 年，歌德学院在慕尼黑

---

① 李湘萍. 孔子学院与歌德学院比较研究 ［J］. 当代教育理论与实践，2012，4（11）.

成立，其最初的主要任务是为在德国的外籍德语教师进行培训。① 1953 年，位于德国巴特莱辛哈尔小镇的歌德学院首先开办语言课程，来自世界各地的语言学习者都来学习高级德语和当地方言，随后因需求增长，很快又在另外两座小城市设立了语言中心。之所以选择小城市是因为这些地区人民的生活和思想较少受到战争的影响，语言教学能顺利开展。

1953—1955 年，歌德学院拓展了业务，包括德语教学、教师培训、文化课程三项。1960 年，在外交部的倡议下，歌德学院逐渐接管了海外的德国文化机构，进行了资源整合。1968 年，受到一系列学生抗议运动的影响，歌德学院在其文化项目中融入了当今社会政治话题和前卫艺术的内容，赋予了其更多的社会意义。1970 年，德国外交部国务秘书拉尔夫·达伦多夫制定了德国对外文化政策的新方针，对话与合作成为关键词。1976 年，尽管工作内容渐渐拓展到文化交流领域，但歌德学院并未放弃传统且擅长的德语培训，而且德语培训也可以为文化项目筹集经费。1980 年，歌德学院审时度势，调整发展策略，在选址上转向在大城市开办。1988 年，歌德学院在北京设立分院。20 世纪 90 年代，歌德学院进入改革调整期，将全球划分为 13 个大区，对机构人员、工作进行精简，将发展重点转向东欧，许多分院迅速在东欧建立起来。2006 年，歌德学院建立欧洲国家文化研究所，约 30 个欧洲国家参与进来，自身实力得到提升。21 世纪以来，歌德学院的功能不断扩大，涉足的领域也日益广泛，在对话与合作的倡导下与越来越多的国家建立深刻的合作关系。

（二）组织管理

1. 组织使命及办学理念

歌德学院是一个非营利性的注册协会，在与外交部签订的协议框架之下独立开展对外文教工作，设立的目的则是在世界范围内推广德语，促进国际的文化交流合作。一方面，通过用语言介绍德国文化、社会以及政治等信息向世界展现一个丰富多彩的德国②；另一方面，还将致力于促进全球科学研

---

① 王薇. 歌德学院的发展及启示［J］. 公共外交季刊，2014（3）.
② 李燕秋. 孔子学院与歌德学院传播模式的比较研究［D］. 大连：大连理工大学，2020.

究、教育教学、文化艺术的发展。

歌德学院是拥有政府背景并创造利益的机构。歌德学院的工作主要有教授语言文化和信息化的服务。信息服务主要提供德语资料、翻译德语书籍；语言教学主要是培训学生和教师、语言考试等。歌德学院在全球范围的教学中取得了很好的传播效果。董璐认为，歌德学院的兴起源于其文化传播的内在反思。德国文化传播活动以歌德学院为代表体现了跨文化主义，基本思想是综合了"文化为全体人员"和"基本文化供给"领域中的文化传播思想。多元文化交流以德国文化为中心不仅限于目标国家的正面形象，也在产生特定的积极影响并建立了更加公认的文化凝聚力。①

对于歌德学院的机构性质，张向荣将其定义为"介于国内和国外中间的特殊中间组织"。他对歌德学院与政府的关系、宗旨与目标、组织与任务、组织管理模式、工作内容、经费来源进行了介绍，认为歌德学院虽不从属于任何国家机构，却是以服务国家利益为一切活动的中心。其在与外交部签署的框架下独立开展工作，实质是德国外交政策实施的得力助手。②

刘丽平等通过分析德语的推广历程，认为歌德学院是以民间性机构身份出现，作为文化中介机构而存在的，其通过不断地调整结构与优化布局，避免了留下不良的国家机构的印象。③

李香则对歌德学院师资力量、教材资源的使用以及文化交流情况进行了分析，她认为歌德学院严格的教师筛选制度，是高质量师资的重要保证。歌德学院在全世界范围开设种类、级别多样的德语班，不仅大大促进了德语推广，也成为外国留学生进入德国大学学习的重要渠道。④

蒋鑫鑫通过统计歌德学院的工作情况，概括出歌德学院的主要工作为语言工作、文化活动和咨询服务三方面，其所占比例均为30%。⑤

2. 机构分布

歌德学院是由德国设立的文化机构，总部设在慕尼黑。在德国国内有13

① 董璐. 孔子学院与歌德学院：不同理念下的跨文化传播［J］. 国际关系学院学报，2011（4）.
② 张向荣. 孔子学院与歌德学院发展比较研究［D］. 上海：复旦大学，2010.
③ 刘丽平，蒋鑫鑫. 从歌德学院看孔子学院可持续发展之路［J］. 当代教育与文化，2011，3（3）.
④ 李香. 借鉴歌德学院浅析孔子学院发展中存在的问题［J］. 商业文化，2010（4）.
⑤ 蒋鑫鑫. 中德语言推广机构的比较研究：以孔子学院和歌德学院为例［D］. 兰州：西北师范大学，2012.

家歌德学院，在全球共设有一百多所分院。歌德学院下设出版部门，负责各类宣传资料与语言学习读物的出版工作。该学院自1961年起每年发布年度报告，该报告被收录在德国国家图书馆的电子档案中。

2008年，歌德学院与四川外国语大学开展深度合作，致力教授各个语言水平的德语课程。德国歌德学院在德语教学、德语师资培训、教学大纲考试及教材研发方面提供帮助。

3. 资金管理

歌德学院有国内分院和国外分院，不同的分院有不同的运作方式，总部享有最高决策权，负责整体战略以及目标的设定，各分支机构依此开展工作。但在执行过程中，各分支机构具有独立的运营权，只需要达到设定的目标，并向总部汇报经营情况。国内分院以企业的模式进行经营管理，资金主要来源于自身营业收入，如语言班课程、考试及远程教学等。而歌德学院总部和国外分院是事业单位性质，资金主要依靠外交部拨款，部分来源于基金捐赠以及自身的营业收入。依据歌德学院年度财务报告，可以粗略概括为歌德学院的资金60%来源于外交部拨款，40%来源于语言部门收入及其他经营收入。歌德学院的开销中，人员支出和其他营业费用支出所占比重最大，而投资支出占比最小。

4. 办学方式

在德国境外的歌德学院，均以国家之间签订协议的形式开展合作，由德国政府投资建设，享受财产所有权。慕尼黑的歌德学院总部向各分支提供师资、培训、教材等支持，并对各分院的工作进行指导和监督，除此之外，歌德学院与全球知名大学进行项目合作，共同建设语言学习中心，与当地图书馆合作，提供有关德国各方面的咨询并开展文化艺术活动。

（三）教学管理

1. 课程管理

歌德学院没有统一的课程设置。各分院根据当地的情势、学习者群体的特点及需求，有针对性地开设语言课程。因此，课程形式和内容十分丰富，有按水平分类的语言班，有特地为新移民服务的生存语言班，有专项职业德语班，有针对德语考试的强化班，还有特地为青少年开设的语言旅行项目、德语兴趣班等。通常分为标准常规课程、假期课程、在线远程教育课程等。大多数课程的长度是每期 2 个月，学员根据自身的语言水平和时间自由选择合适的课程。

德语课程针对日常和当前主题分为不同的章节，并提供对应的词汇和语法，可利用视频、图像、音频、阅读以及文本填空等许多不同的练习来学习，主要是训练词汇以及听力和阅读能力。写作是以文本填空的方式来练习，口语方面则未提供针对性的练习。

歌德学院开发的德语在线学习社区，以及为移民提供学习机会的德语在线学习程序，在新冠疫情时期发挥了重要的作用。在线学习社区的注册人数达到了 60 万人，是免费的外语学习平台。注册成员可以通过该平台进行 A1 至 C1 级别的德语语言练习。

歌德实验室在 2019 年建立，下设技术创新部门，致力于研发语言教学的电子产品与服务，如在线备考课程、自适应的语法训练程序等，以期让未来的德语学习者更具自主性。除此之外，为提升艺术家在其他地区的知名度和影响力，学院新开发了名为"文化在线"的数字平台，供各地的艺术家进行免费直播或者点播，观众可以通过该平台为心仪的艺术家提供资助。还有针对 12~14 岁青少年的"数字青少年大学"活动、太空旅行，吸引青少年在机器人技术、可再生能源开发等领域中以游戏的方式在线学习德语。

除德语学习，学院还通过名为"增补项目"的活动，为儿童和青少年提供在线知识传播，其中包括对交互式学习平台"数字化儿童大学"以及德国音乐播客频道的推广。

以四川外国语大学的歌德语言中心为例，其课堂多元化，注重交际，通过贴近生活的真实的文章来锻炼听说读写；成对的座位方式对于课堂交流和小组合作式的先进教学模式是十分有利的；拥有自然纯正的德语口语环境；学员们主动学习，而非被动；归纳讲解语法现象；为了适应不同的学习者，尽量保证学习者开口说德语以及课堂流动，经常切换课堂形式。教学语言从第一天起就是德语，运用多媒体资料，将课堂塑造得更加形象生动。词汇和句型通过图片和手势讲解，学员了解到如何通过韵律、音乐及动作学习德语；按照《欧洲语言共同参考框架：学习、教学、评估》开发课程，这样学习者所获取的语言知识更加客观和国际化。

在考试的级别设置方面，按照欧洲委员会对语言的统一标准分为 A1、

A2、B1、B2、C1、C2，其下也分为 A1.1、A1.2、A2.1、B1.1 这样的半个级别。A1 就是零基础，C2 则是达到了相当高的语言水平。一般说来，德语专业的学生一年级之后达到 A2~B1 水平，二年级之后达到 B1~B2 水平，要通过德福考试（TestDaF）达到 4 个 4 分的德国大学入学标准的话，一般需要 B2~C1 水平，即参加 800~1000 学时的德语课程。对于有德语基础的人，报名参加课程之前需要参加歌德学院的分级测试，分级测试不属于考试，没有证书，大多数地方是免费的。测试分为 60 道笔试题，50 分钟，以及 10 分钟左右的口试，考官会根据笔试与口试的综合成绩对学员的德语水平做一个评估，以此建议他参加哪种课程。一般来说中国学生的口语成绩会普遍低于卷面成绩，而歌德的课程教学又更加注重听说和实际运用能力，所以常有同学测试结果低于自身的估计水平。

2. 文化活动

歌德学院于 2019 年共资助 331 本图书翻译，涉及 39 种语言。其中译出语言最多的为英语，其次是西班牙语和荷兰语。被翻译次数最多的作品是乌尔里希·亚历山大·博希威茨的小说《旅人》，共译成 8 种外语。歌德学院在全球范围内建有几十所图书馆，免费为公众提供德国及德语相关媒体资讯、个人咨询服务以及合作。2019 年共有约 150 万人次使用歌德学院图书馆，出借约 70 万次的图书及多媒体光盘，其中多媒体材料出借约为 25 万份，平均每天借出图书及多媒体光盘大约有 2300 份。其中，曼谷、塔什干以及加尔各答的图书馆使用频率最高。"在线借阅"平台出借记录每天多达 700 份，使用人数最多的地区是法国、中国和西班牙。歌德学院的脸书及推特的社交媒体账号有众多关注者。歌德学院社交账号中，埃及、巴西、德国以及墨西哥的社交账号受关注程度最高。

此外，歌德学院还会举办研讨会、编排戏剧等。

3. 教师管理

歌德学院十分注重办学质量，对于德语教师的招聘和筛选较为严格。外籍德语教师必须是德语专业的毕业生，而德国籍的教师则需要有文科或法律专业硕士或博士学位，还需要经过专门培训。歌德学院每年都会组织教师进修，开展教师培训、教师研讨会以及通过互联网建立教师之间的交流，以提高师资质量。

4. 开展工作

歌德学院的主要工作是推广德语和组织德语考试。

（1）推广德语

通过设立歌德学院分院、语言中心，与外国教育机构合作创办项目等方式来开展德语教学、培训德语教师，促进德语在世界范围内的发展，促进国际文化交流与合作；通过项目驻留、邀请访问等方式，在与世界不断地交流中达成更深层次的相互理解。

（2）组织德语考试

建立考试合作伙伴，让世界各地的德语学习者、德语教师能参加各种水平及不同用途的德语考试；提供有关德国的咨询服务，如设立德国外国文化社区等；提供有关德国的各方面资讯，为世界人民了解德国提供窗口。

三、西班牙塞万提斯学院

（一）缘起及发展

西班牙语属于印欧语系罗曼语族西罗曼语支，主要分布在拉丁美洲，常见于西班牙、阿根廷等国家和地区。

1492 年，第一部西班牙语语法问世，更加规范地推动了其在拉丁美洲的传播及使用。西班牙政府开始了殖民历史，在拉美的殖民国家强制推行西班牙语。[①] 1713 年，西班牙皇家语言学院成立，致力西班牙语的研究和规范化。紧接着，拉丁美洲各国纷纷成立皇家语言学院，与西班牙皇家语言学院共同合作，极大促进了西班牙语的传播与发展。[②]

1991 年，西班牙在马德里创办了塞万提斯学院，属于非营利性官方机构，学院教授西班牙语和传播西班牙语文化。塞万提斯学院在 30 多个非西语国家设有分院。

塞万提斯学院为推广西班牙语教学、传播西班牙及其他西语国家文化做出了很大的贡献。20 世纪之后，塞万提斯学院更是大力利用网络资源，提供

---

① 王烈琴. 大众传媒：汉语国际传播的有效途径［J］. 商洛学院学报，2012，26（1）.

② 许丹. 西班牙塞万提斯学院与我国孔子学院异同探析［J］. 重庆第二师范学院学报，2014，27（1）.

虚拟课程、图书服务、西班牙语水平测试和机构资格认证工作。塞万提斯学院的数字化工作已经成为全球语言机构学习的典范。

（二）组织管理

1. 组织使命及办学理念

塞万提斯学院是一所西班牙政府设立的非营利性的官方机构，隶属于西班牙外交部，受到国家政府资金上和政策上的支持。塞万提斯学院实行由董事会、理事会和院长领导的三级管理制度。但塞万提斯学院拥有独立的法人资格，法定代表人为学院院长。董事会是最高权力机构，由西班牙国王担任名誉主席，西班牙首相担任执行主席。目的是联合所有西班牙语国家，共同推广西班牙语及西班牙文化。总部的职责是在全球范围内推广西班牙语、研究和使用，并在境外推广西班牙语文化。[①] 其通过与海外政府和教育机构合作，设立分院。各分院与总部相互配合，开展西班牙语的教学、组织西班牙语考试以及筹办西班牙文化活动。

葛海燕从课堂教学与文化传播两个角度详细地分析了塞万提斯学院的运作情况，包括教学理论大纲、教学课程设置、教学资源简析以及文化传播的内容、文化传播的形式、文化传播的运营和文化传播的主要特点。总结出塞万提斯学院的成功经验：在教学上积极与权威组织开展合作，充分利用信息技术服务于教学；在文化传播上注重活动内容的多样性以及深入性，力求达到精神层面上的交流。[②]

杨敏从社会语言学的角度指出了塞万提斯学院的运作开发了语言的三大功能，即"文化资产""经济要素"和"政治工具"，并且从国家认同的角度上指出塞万提斯学院已经被提到了国家战略的高度，具有一定的后殖民主义色彩。[③]

许丹则进一步指出塞万提斯学院不仅是普通的语言学校，还是一所文化

---

① 沈蓓蓓. 从孔子学院看中华文化的跨文化传播 [J]. 贵州大学学报（社会科学版），2013，31（2）.
② 葛海燕. 塞万提斯学院语言文化传播经验借鉴研究 [D]. 南京：南京大学，2012.
③ 杨敏. 孔子学院与塞万提斯学院之比较：中国文化的现代意识与西班牙文化的后殖民主义 [J]. 当代外语研究，2012（3）.

交流机构，它为语言学习者们提供了一个很好的学习环境和交流平台。它的运营理念绝不仅是推广本国的语言或者文化。西班牙政府把它当作一项教育事业来投资，同时也将它用作支持政治和经济利益的工具。[①]

黄玉芳、叶洪将塞万提斯学院的发展特色概括为政府大力支持、资金渠道多样化以及文化推广方式三大特色，并指出其在文化推广上采取互动合作的形式有助于提高西班牙语文化在其他国家的接纳度和融入度，吸引更多的人参与文化活动。[②]

2. 机构分布

塞万提斯学院在全球成立约 90 所分院，在 100 多个国家设立考试中心。在中国设有北京西班牙文化中心—塞万提斯学院、上海米盖尔·德·塞万提斯图书馆、上海中智—塞万提斯课程项目等。[③]

3. 资金管理

塞万提斯学院的经费主要来源于西班牙政府，政府的投资金额占其总收入的一半以上。但近年来，塞万提斯学院一直在努力提高自筹资金的能力，扩大学院活动的收入，增加合作机构。其自筹资金多来自经营性活动，如培训课程、考试、认证以及文化活动。在塞万提斯学院的每年支出可分人力、运营、投资三部分，其中所占比重最大的是人力和运营的支出，而投资支出仅占很小一部分。

4. 办学方式

塞万提斯学院由总部投资，在世界各地设立分院和塞万提斯课堂，是一个官方独立的语言及文化教育传播基地。总部会派遣分院院长，鼓励各分院与当地的大学、教育机构、文化机构建立合作关系。

此外，塞万提斯学院总部还为西班牙境内外的公立、私立机构进行教学认证。机构在接受塞万提斯学院对其学术技术以及法律方面的评估后，双方签署认证合同，获得西班牙语教学资质的认可。塞万提斯学院在国外的分支机构承担的主要任务就是推广传播本国文化，包括语言教学、展览、演出、

---

① 许丹. 西班牙塞万提斯学院与我国孔子学院异同探析 [J]. 重庆第二师范学院学报，2014，27 (1).

② 黄玉芳，叶洪. 塞万提斯学院对孔子学院可持续发展的启示 [J]. 湖北广播电视大学学报，2017，37 (1).

③ 蔡满园，樊坤. 新形势下河南省外语教育发展的再思考 [J]. 信阳师范学院学报（哲学社会科学版），2017，37 (6).

讲座等多种文化活动。塞万提斯学院的办学意图为"改进西班牙语作为第二语言的教育、学习和使用，在全部非西班牙语国家推广西班牙和拉美西班牙语国家文化"。通过推广西班牙语，国家形象也会得到提升，语言学行业会繁荣，与西班牙有关的一切事物的普及和对待西班牙的积极态度，反过来都会刺激对这个国家相关产品的购买，并且会产生对于西班牙公司存在的包容性。① 所以，塞万提斯学院的运营理念绝不仅是推广本国的语言或是文化。

（三）教学管理

1. 课程管理

塞万提斯学院开展教学活动的重点是通过增加课程种类、加大推广力度、拓宽受众群体、注重需求分析以及优化用户体验等举措来满足更多具有不同学习需求的受众，塞万提斯学院坚持提升质量、注重创新、加强合作的工作路径，改变以往几个学年课程数逐年递减的趋势，更加重视信息化、国际化和一体化发展。

西班牙语全球在线课程。面授课程的需求量最大，线上课程需求也呈现出增长态势。该系列课程自正式面世以来，来自全球各地的用户都可以通过多种移动终端远程加入，在线学习西班牙语。经过数年发展，课程种类进一步丰富，质量进一步提升。此外，塞万提斯学院采用更新西班牙语虚拟课堂视频、制作新的课程补充材料、培训教学人员数字教学材料的制作技能，以期根据课程用户的不同需求提供智能化、个性化的定制教育服务，以持续提升线上教学质量，丰富西班牙语全球在线课程的种类，更好地满足学生的学习需求。此外，塞万提斯学院还编写课程管理指导手册，开发在线课程的师资培训课程，借助网络技术手段加强学院总部与各分院之间的合作交流和资源共享，以便各分院更有效地开展师资培训。

学院一般采用小班授课，专业教师任教。以北京塞万提斯学院为例，课程等级设置分为五个（A1、A2、B1、B2、C1），每级都设有特定的目标，学生在完成学习后能达到相应的语言能力等级。课程的类型多种多样，适合拥

---

① 杨敏. 孔子学院与塞万提斯学院之比较：中国文化的现代意识与西班牙文化的后殖民主义 [J]. 当代外语研究，2012（3）.

有不同的年龄、学习目的和学习需求的学生，有针对青少年和成年人的普通课程，也有为备考人群准备的密集沉浸式课程，还有为专业人士开设的专门课程，如商务西语、科技西语、法律西语、旅游西语等。此外，塞万提斯学院可以为企业和行政机构量身打造专门课程，课程的学习期限有三个月、半年到一年不等，学习者可以根据自身时间选择。塞万提斯学院充分利用网络资源教学，学生可以自由安排学习时间、节奏和地点。

2. 教材管理

目前，塞万提斯学院官方共推荐了三本 DELE（对外西班牙语水平认证测试）备考教材（见表 2 - 1）。

表 2 - 1　　　　　　　　　　DELE 教材推荐

教材名称	主要特点
Preparación al DELE	西班牙著名出版社 Edelsa 出版的 DELE 考试复习资料，附带免费的听力 CD，外语教学与研究出版社引进并出版了中文版，书名为《Preparación 高分突破》
Las Claves	很实用且排版简单。前面 5 单元会单独训练听说读写语法各项能力，最后会提供 5 套模拟题，是一套十分完整地备考教材。同样除了提供答案和解析，还会有解题策略和要点
EL CRONÓMETRO	*EL CRONÓMETRO* 是这三套中难度最大的一套教材，以考过 B2 和 C1 的经验来看，这套教材的试题难度是略大于实际考试难度的

北京塞万提斯学院是唯一被批准在中国开设西班牙语课程的西班牙公立机构。北京塞万提斯学院提供对外西班牙语教学教师培训课程，筹办 DELE、SIELE 和 CCSE 考试，举办多种文化活动。在北京塞万提斯学院内还设有对外开放的图书馆。学院与西班牙驻华使馆及各西语国家使馆密切合作推广西班牙语文化。

对外西班牙语水平证书是塞万提斯学院以西班牙教育与职业培训部的名义颁发的官方证书，是对证书拥有者的西班牙语水平和西班牙语运用能力的有效证明，在国际上被诸多企业、商会、公立及私立教育机构所认可。该证书有助于申请西班牙外交部与国际合作署设立的各项奖学金。

西班牙语证书级别和语言水平的要求如表 2 - 2 所示。

表 2 - 2   西班牙语证书级别和语言水平的要求

西班牙语证书级别	语言水平
A1	简单交流、日常性话题
A2	理解日常表达、自身的基本信息
B1	理解日常生活的基本场景、表达愿望和需求
B2	应对日常生活情景、进行基本的交流和沟通
C1	无障碍表达、广泛的词汇量（文学词汇和口语词汇）
C2	应对较高语言要求的场景、熟知语言背后的文化

2019—2020 学年，面向儿童及青少年的西班牙语课程需求继续呈增长态势。在塞万提斯学院分布于世界各地的分院中，有 92% 的分院有面向儿童和青少年的西班牙语课程的需求，这类课程的注册数量也占到全部课程的 10%。此类培训主要由常规语言课程及各种特设课程组成。常规语言课程的最高等级为《欧洲语言共同参考框架：学习、教学、评估》中的 B2 等级。特设课程的形式则多种多样，其中包括适合不同学段的强化课程、阅读与写作课程、对外西班牙语水平证书考试、青少年考试备考课程、中学考试备考课程等。鉴于此类课程需求持续增长，塞万提斯学院已将其视为未来短期内的工作重心之一。

尽管目前面授课程的需求量仍占较大比例，但线上课程的需求也在稳步增长。西班牙语虚拟课堂一直是塞万提斯学院发展在线教育的重要阵地。新冠疫情使线上课程注册人数在 2019—2020 学年进一步增加。在此期间，西班牙语虚拟课堂平台充分保障了相关课程的正常开展。2019—2020 学年内塞万提斯学院继续完善面向儿童的线上西班牙语课程"你好，朋友！"，在前一学年上线的两个初级课程的基础上又增加了三级和四级课程，就此完成了全部四个等级课程的线上课程。塞万提斯学院还为新修订的对外西班牙语水平证书考试 A2 等级考试上线了配套在线备考课程。

3. 文化活动

塞万提斯学院始终以与西班牙国内相关组织合作在外传播西班牙文化、西班牙语及美洲文化为主要的任务，鼓励西班牙、西班牙语及美洲文化传播者参与全球对话，并且举办了丰富多彩的文化活动，如展览、讲座、音乐会和舞台艺术表演等。

（1）塞万提斯学院组织并参与的各类文化活动

活动形式包括西班牙语电影播映、音乐会演出、戏剧演出、文化讲座、西班牙及拉丁美洲文化工作坊等，参与人数众多，包括作家、学者、艺术家等参与其中。各个类别中较具代表性和影响力的活动包括美术与建筑类，呈现和反映真实的西班牙为主题的克里斯蒂娜·加西亚·罗德罗摄影展；文学与思想类，面向儿童的工作坊、供犯罪题材小说的作者与读者进行交流的座谈会、在马拉喀什等地举办追忆已故塞万提斯奖得主胡安·戈伊蒂索洛等；影视类，在马尼拉、斯德哥尔摩、布拉格等地的商业影院进行西班牙语电影展映。同时，塞万提斯学院与多个著名电影节进行合作以传播西班牙语电影文化、音乐和舞台艺术类。

（2）以塞万提斯图书馆为媒介举办的各类文化活动

分布于世界各地的塞万提斯图书馆是举办各类西班牙文化活动的重要场地之一。2017—2018 年，塞万提斯学院继续借助这一平台在世界多地举行了与图书有关的活动。例如，"2018 年图书日"庆祝活动，其中包括大型图书交换及图书推介活动；欧洲语言周期间，马德里塞万提斯图书馆还举行了多个欧洲文化学院的出版物展示会；乌得勒支塞万提斯图书馆举办了《堂吉诃德》接力阅读会，西班牙驻荷大使、乌得勒支市长等人参与了该活动；巴西利亚塞万提斯图书馆则在世界诗歌日组织了主题为"加西亚·马尔克斯的诗歌世界"的文学交流会。此外，塞万提斯图书馆开展阅读俱乐部、文学茶话会、写作工坊及面向儿童的故事会等常规的文化活动。①

（3）参与国际国内展会

塞万提斯学院自成立以来，始终积极参加以语言、教育、书籍出版等为主题的各类展会，以期进一步在全世界推广西班牙语教育和西班牙语语言文化。

（4）举办文化活动

"中国文化节"和"西班牙年"等多种形式的文化活动，分别向两国人民展示了传统和现代文化。两国在教育领域的交流与合作也广泛进行。中国有很多所大学开设西班牙语教学。此外，两国还举办了中国—西班牙大学校

---

① 李昕璐. 西班牙塞万提斯学院年度报告（2017—2018）［C］//. 语言生活皮书——世界语言生活状况报告（2020），2020.

长论坛。在北京开设的塞万提斯学院分院成为促进中国和西班牙文化交流的重要窗口。

4. 学生管理

为保障教学质量的持续提高，塞万提斯学院自 2011 年起开始将欧洲质量管理基金会建立的业务卓越模型作为质量管理体系，应用于教学活动的设计、发展和评估等环节中。多家分院将优化组织能力和提升教学活动质量列为工作重点，具体措施包括通过社交网络以及广告渠道加强宣传力度，扩大学院的社会知名度和影响力；通过完善教学材料和优化教学工具等手段提高课堂教学以及评估测试的成效；深化教学团队的培训及职业发展等。

5. 教师管理

塞万提斯学院师资培训课程极具特色，针对不同培训对象采取不同形式与内容的培训课程，效果显著（见表 2 - 3）。

表 2 - 3　　　　　　　　　　　师资培训课程

培训对象	培训课程
应届毕业大学生以及未来从事西班牙语教育人员	西班牙梅南德斯·佩拉尤国际大学合作培养对外西班牙语教学专业硕士课程 西班牙国立远程教育大学合作开设对外西班牙语教师培训专业的在线硕士课程
在职的西班牙语教师	设计并开发多种提升教学能力的在线培训课程
有教学经验的教师	具体门类的培训课程，如在线课程管理培训、教材编写培训、以教师和研究者为教学对象的培训等

塞万提斯学院一直致力对外西班牙语教师的培训和资格授予。2019—2020 年，对外西班牙语水平证书考试考官资格、西班牙语虚拟课堂教师资格和初级塞万提斯学院教学资格这三项资格考试培训课程的开设数量占到全部师资培训课程的 28%。自 2018 年开始发放的塞万提斯学院教学资格证书（初级），是塞万提斯学院师资培训系统中最基础的等级证书。除塞万提斯学院本部外，全球还有多所分院有能力开设该资格证书的培训课程并组织资格考试。2019—2020 学年该等级考试有三大新进展：一是塞万提斯学院开展了面向初级教学资格证书考官的第一期培训课程；二是塞万提斯学院开办了第二期初级教学资格证书培训课程；三是有能力开展初级教师资格考试备考课程的各

大培训点在本学年均组织了时长为 140 小时的备考课程。通过该资格考试的学生中有 80% 曾参加这一备考课程。

四、英国文化教育协会①

（一）缘起及发展

20 世纪 30 年代初是全球不稳定的时期，英国的影响力因全球金融萧条而减弱，这导致英国生活水平、就业和贸易下降，英国政府意识到文化对国家利益的重要性。为了促进文化教育和科学国际合作，英国在 1934 年成立了英国文化教育协会。1938 年开设了第一个海外办事处，英国文化教育协会是英国唯一一个专门为海外英语做推广的准官方文化组织，为英语的全球推广发挥了重大作用。

（二）组织管理

1. 组织使命及办学理念

英国文化教育协会是英国皇家特许的慈善机构，也是受英国外交部赞助的非政府部门性质的公共组织，成立的目的是传递英国的价值理念，推动英国人民与其他各国人民相互理解并建立友谊。其在战略上服务于英国外交政策，但享有独立于外交部的运营权。在其章程中规定，英国文化教育协会所得的创收均用于服务核心慈善，为更多的国家和地区开展文化交际提供资金支持。但其在实际运营中有较强的商业痕迹，十分注重经济利益。

英国文化教育协会是推广英国语言和文化的国际性机构。它在国外的英语教学与文化传播的方式是设立办事处。

徐波从经济学的角度对英国海外英语发展历程与现状和推广政策进行了梳理，提出英国文化教育协会作为当代英国海外英语推广政策的执行主体经历了曲折起步、平稳发展、全球扩张以及战略调整四个发展阶段，但在各个阶段英国文化教育协会都根据不同的国情进行了运营策略上的调整，具有良

---

① 也称英国文化委员会。

好的变化应对能力。他指出，在目前的新形势下，英国文化教育协会采用了重新界定工作重点、集中资源投入战略重点地区、多开展区域性的大项目以及改善自身服务与管理水平等一系列举措。①

汲立立对英国文化教育协会成立的起因进行了分析，认为英国文化教育协会的成立是起源于英国在经历两次世界大战后的临危受命，英国文化教育协会与英国外交部保持的"一臂之距"使其避免了"文化入侵"的误读，也保证各分支机构因地制宜的灵活运作，有助于根据国家战略实现外交目标。此外，汲立立提出英国文化教育协会的工作是服务于英国的外交战略的，其工作内容可以概括为：发展语言教育、留学培训服务、英语图书和信息资料输出以及文化艺术交流普及四个部分。②

陈丽君则从组织结构、组织目标、工作内容、资金来源与运作四个方面介绍了英国文化教育协会的基本情况。她认为理事会负责制定战略，执行委员会负责执行，咨询委员会提供建议，同时接受英国外交和联邦事务部、财政部、国家审计署等的监督与考察的方式，确保了英国文化教育协会的正常有序运作。③

英国文化教育协会的成立旨在推进公共利益，具有慈善目的，具体任务为：促进英国和其他国家之间的文化交流；促进英国人民与其他国家人民之间的文化关系，促进其他地区对英国更广泛的了解；拓展英语知识，促进英语广泛地传播；鼓励英国与其他国家的教育合作，支持英国教育和海外教育水平的发展，并以其他方式推广教育，促进教育的进步。

为了政治和经济目的，在全球范围内推广英语已经是英国政府既定的政策。这种公开化的动机证明了英国政府是想通过推广英国的语言和文化维持和加强它在世界的影响力。④

2. 机构分布

英国文化教育协会在全球约 111 个国家和地区设有 230 多个办事处，除英国本土外，其将全球网络分为七个大区，分别是美洲、东亚、欧洲欧盟地

---

① 徐波. 当代英国海外英语推广的政策研究：以英国文化委员会为中心［D］. 重庆：西南大学，2009.

② 汲立立. 英国文化委员会与英国文化外交［J］. 公共外交季刊，2014（4）.

③ 陈丽君. 英国文化委员会与孔子学院异同比较［J］. 中华女子学院学报，2012，24（6）.

④ 王克非，蔡永良，王美娜. 英国文化委员会与英语的国际传播［J］. 外语教学，2017，38（6）.

区、中东和北非、南亚、撒哈拉以南非洲以及泛欧地区。其中美洲约有 11 个国家，东亚约有 13 个国家，欧洲欧盟地区约有 28 个国家，中东和北非约有 17 个国家，南亚约有 6 个国家，撒哈拉以南非洲约有 20 个国家，泛欧地区约有 16 个国家。

3. 资金管理

英国文化教育协会的资金来源主要有四个渠道，即政府补贴、英语教育与考试收入、合作收入以及企业或基金会捐赠。英语教育与考试收入、合作收入、企业或基金会捐赠约为总收入的 80%。英国文化教育协会与英国外交部签订的 "财务备忘录" 表明外交部每年都会对协会给予资金支持，但同时限制了资金的使用去向。但总的来说，来自政府的补贴仅占英国文化教育协会总收入的 20%，而且根据英国文化教育协会每年的财务报告来看，此部分占比越来越低。英国文化教育协会每年的支出分为五个部分，即教育合作、英语语言教育、文化和科技合作、机构治理及社会变革创造力。其中支出比重最大的为语言教育，超过总支出的 1/2。以 2015—2016 年的收支情况为例，英国文化教育协会理事会下设一个中心财政团队，帮助协会进行财政管理与办理银行业务。其所有的财务活动依据理事会所制定的财政政策进行，并需定期向理事会进行汇报。而作为接受政府补贴的公共机构，理事会也需要定期向外交部汇报资金使用情况，以便外交部对其支出的合理性进行监管。

4. 办学方式

英国文化教育协会在国外的办学形式以设立海外办事处为主。海外办事处不是独立的法人组织，其受到总部的管辖。每年英国文化教育协会都会与外交部协商，依据外交战略制订一个合作计划，确定本年度工作的重点区域以及要达到的目标，并下达给各海外办事处。除海外办事处外，英国文化教育协会还采取其他的合作方式，如设立分支公司，包括全资公司和合营子公司；建立教学中心；开展项目合作等。合作伙伴有政府部门、教育机构、私营企业、基金会等。而合作领域也十分广泛，涉及教育、技能培训、英语和考试、社会管理等。此外，英国文化教育协会还提供远程教育，开发线上课程，为机构未覆盖的地区以及教育资源匮乏的地区提供教育支持。

英国文化教育协会以两种方式开展工作：一是直接与个人合作，改变其生活；二是与政府和合作伙伴合作，带来更长远的发展和更大的改变，为全世界数百万人创利。英国文化教育协会能帮助年轻人获得技能、信心等，支持他们学习英语，接受高质量的教育，获得国际认可的资格证书。

（三）教学管理

1. 课程管理及教材管理

英国文化教育协会针对不同的学习群体、不同的学习目的开设种类繁多的英语课程，主要包括以下三类。

（1）一般英语

一般英语（General English），包括听、说、读、写基本技能的教学，课程具有综合性的特征，而课程开设的目的是提高英语语言能力。

（2）专门用途英语

专门用途英语（English for Specific Purposes，ESP），课程内容针对性比较强，主要是为在某个职业领域使用英语的人开设，如医学英语、法律英语、商务英语等。

（3）学术英语

学术英语（English for Academic Purposes，EAP），课程内容具有学术性特征，意在培养学生运用英语进行学习与研究的能力，主要针对打算去英语国家进行学术深造的人群。

2. 文化活动

英国文化教育协会的业务范围十分广泛，工作内容也因区域的不同特点而有所侧重。总的来看，英国文化教育协会的工作内容主要包括以下几个方面。

英国文化教育协会通过开发品牌项目、制定文化和教育计划来加强国际文化交流、塑造历史文化名人的品牌形象，成为沟通英国与世界各国的文化标识，与世界上其他国家建立联系，在语言、科技、艺术、教育和社会管理等领域开展合作，促进彼此友好互进的关系，提高英国在国际上持久的影响力。

英国文化教育协会开展诸多的国际合作项目与活动，旨在加强国际的文化联系和教育合作，开拓新的合作可能，在全球范围内推广英语，提供英语培训以及标准化语言考试；与其他国家的教育机构建立合作，促进全球教育的进步；传播英国文化，开展各类文化艺术活动，促进文化交流，达成相互理解；提供有关英国社会、文化及教育等方面的咨询服务，吸引更多的人来了解英国，以增加贸易、投资和旅游。

英国已经把跨国教育作为其新的教育出口产业战略的重要途径。跨国教育有国际分校、联合学位项目等不同形式。无论是采用哪种形式，跨国教育都已经成为教育国际化的一个主要组成部分。[①]

英国文化教育协会文化支持、组织与艺术家建立网络、合作和开发市场。艺术家与全球观众面对面或在线分享英国艺术家的作品；与主要的国际文化平台合作，包括节日、文化季、双年展和重要的公民纪念日；开发新的在线平台，为英国艺术和文化提供全球影响力；通过有针对性的资助计划，支持文化专业人士为他们的工作建立新的网络和开拓新的市场；协助维护和加强与欧盟国家的艺术联系。

在 2019—2020 年的年度报告中，英国文化教育协会通过网络、广播、出版物等方式受众 8000 万人，总受众 7.91 亿人。

3. 学生管理

英国文化教育协会通过设立奖学金，为英国年轻人提供国际学习机会。2014 年 4 月，英国文化委员会与其合作伙伴 Ecorys UK 一起主办了英国官方推出的 Erasmus +（奖学金项目）。

英国文化教育协会拓展了海外合作的可能性，为英国的年轻人开辟国际化的发展平台。一方面，开展海外助教项目，为本国学生提供国际工作经历。另一方面，与别国开展教育合作计划，为英国青年在别国掌握技能和积累经验提供政策支持和便利。

英国文化教育协会注重教育资源的品质，善用互联网教学资源，针对受众的特性开发针对性的教材和学习平台。一方面，通过时下最流行的网络授课形式，为全世界的英语爱好者提供免费的英语学习、服务网络平台。英国文化教育协会大规模网络公开课程在英国主要的社会学习平台"FutureLearn"上播出，该课程吸引了大量的学习者，为超过 230000 人提供免费学习英语的机会。另一方面，关注儿童英语教育，开发专属于儿童的教育资源。[②]

---

① 白利超．英国高等教育国际化战略及其举措［J］．世界教育信息，2015，28（16）．
② 谷月．孔子学院与英国文化委员会 2014 年大事件比较研究［J］．教育现代化，2016，3（12）．

4. 教师管理

为保证英语教学的质量，英国文化教育协会、英国国际英语联合会共同负责英国国内外英语语言学校机构的认证工作。打算从事对外英语教学的人必须取得以下两类证书之一：一是 CELTA，其是国际通行的英语教学职业资格证书，是由英国皇家文学科学会进行权威认证、由剑桥大学主持授予的证书；二是 TESOL，由世界英语教师协会颁发，被国际广泛承认。此类资格证的获得除了需进行课程学习，还需进行一定时量的教学实践，很大程度上保证了英语教师的质量。[①]

英语教师培训，其课程内容为将英语作为第二语言教学的相关方面，包括语音学、语法学、第二语言习得、英语教学法等，目的是培养具有教学能力的高素质的英语教师。英国文化教育协会的教学中心是高质量英语教学的王牌，是公认的市场领导者，通过数字渠道和社交媒体向超过 1 亿人提供服务，并在全球 76 个城市的 170 个中心进行面对面教学。面对面混合式教学在高质量英语教学和面对面混合式学习方面颇有成效。

英国文化教育协会与教育部、全国相关协会和教育机构合作，携手推动教师发展，工作主要涉及评估、课程设计和教学、教学能力、教学方法以及辅导和教学资料等。

---

① 邱谊萌. 语言国际教育下的国外语言推广研究［J］. 教育现代化，2018，5（40）.

第三章

国际中文教育推广策略评估模式的构建

一、国际中文教育本土化发展及评估

（一）国际中文教育本土化发展评价指标体系构建的思路和原则

1. 国际中文教育本土化发展评价指标体系构建思路

国际中文教育本土化相关研究向来是学界讨论的热点话题，主要问题及观点如下。

一是本土化的内涵。学界认为国际中文教育本土化是指中文教育的发展逐步将当地因素融入其中，且使中文教育的发展逐渐具有当地特色。根据学者的研究，本土化又可以称为本地化、本土性、当地化以及在地化，可以看出，这几组有关本土化内涵的词义相近，但学界还是普遍使用本土化，因此本研究也使用本土化。国际中文教育本土化涉及的内容包括教育对象的本土化、教育内容的本土化、教育资源以及教学人员的本土化，但是在语言要素与文化内容方面不能本土化。

二是师资本土化。中文教师缺口很大，解决的唯一办法是中文教师本土化，大量培养母语非中文的本土中文教师，首先要树立海外教师本土化培训新理念，分层级、分专业积极培养海外本土中文教师，还可通过中外大学联合培养等。①

三是教材本土化。本土化的实现方式主要体现在符合当地的社会文化习俗、考虑学习者母语特点、符合当地的教育制度等方面，不仅提倡编写贴近外国人生活、思维和习惯的中文教材，名称、内容和部分词汇本土化，且在教学观念、教学模式、教学内容、教学方法上也要适应当地文化和社

---

① 王建军. 汉语国际教育师资本土化的基本内涵、培养模式与未来走向［J］. 云南师范大学学报（对外汉语教学与研究版），2015，13（3）.

会需求。①

四是孔子学院本土化。孔子学院本土化的核心内容是"教学本土化",甚至有研究者认为孔子学院应植根本地,增强当地社会的"获得感",给当地人民和社会经济发展带来福祉。②

五是教育政策本土化。教育政策本土化事关国际中文教育的"适配性",强调教育政策自身的特点决定教育政策研究的本土化。首先,教育政策研究与一般的教育研究不同,教育政策研究是从问题出发,以解决问题为宗旨,且更多关注的是现实取向;其次,教育政策应具有可操作性,必须是在某一个具体的环境中可以操作的措施;最后,任何一项教育政策的实行都会受到本国经济发展水平和政治发展水平的影响,也会受到本国文化和历史传统的制约。因此,在经济全球化的背景下,如何有效实现本土化是教育要解决的问题。

大部分学者都认识到本土化发展对世界各国中文教育可持续发展的重要意义,但多从实践层面讨论提升本土化程度问题,或试图从理论上寻求解决方案,目前尚未发现衡量本土化发展程度的研究成果。

鉴于此,本书提出国际中文教育本土化发展评价指标体系这一概念,用指标体系反映国际中文教育本土化发展,动态评价世界各国中文教育本土化发展程度和变化情况。一方面,可纵向追踪评估各国历年中文教育本土化发展状况;另一方面,可横向比较各国中文教育本土化发展的差异,旨在为推进国际中文教育本土化发展提供科学决策和依据。

国际中文教育本土化发展评价指标体系构建思路如下:一是采用文献分析法对已有研究成果中涉及国际中文教育本土化发展评价指标体系的相应内容进行归纳总结,依据指标出现的频率进一步补充指标库;二是根据行为事件访谈法,对国际中文教育专业学生和教师等进行深度访谈,并根据访谈内容提取指标,再次筛选已有指标库;三是采用德尔菲法,编制国际教育视角下国际中文教育专业学生实践能力评价指标重要性咨询问卷,通过数据统计分析,验证指标体系构建得是否合理。

---

① 杜丹. 汉语教材"本土化"与相关思考 [J]. 枣庄学院学报, 2019, 36 (3).
② 杨文艺. 全球竞争的文化转向与孔子学院的转型发展:孔子学院十周年回眸与展望 [J]. 中国高教研究, 2015 (4).

2. 国际中文教育本土化发展评价指标体系构建原则

本章在国际中文教育发展背景下研究国际中文教育本土化发展，旨在分析其构成的各个目标，并据此构建评价体系以及各个指标内在逻辑间的联系。因此，在构建国际中文教育本土化发展评价指标体系时应基于以下原则：一是系统性原则，即各个指标不仅要相互独立且要有逻辑关联性，评价方式要考虑定性与定量两种，这样才能合理地呈现综合系统及其子系统的可持续成长变化规律，这样的评价指标体系才能够更为客观、清晰；二是科学性原则，评价指标的选择应建立在客观、合理、科学的基础上，应能够反映国际中文教育实践；三是实用性原则，指标的选取要反映出真实的国际中文教育学生状况；四是可操作性原则，各项指标应简明扼要、具有代表性、可行性，应避免指标重叠或出现无效指标；五是综合性原则，选取指标时需考量多种因素，既考虑相对稳定性，又考虑动态变化，综合性剖析。

在确定国际中文教育本土化发展评价指标时，除了要深入了解本领域专家学者目前的研究成果，还要考虑以下几个原则：一是简明可行，虽然指标选取得越全面，统计结果越科学，但指标的选取要遵循简洁可行的原则，通过获取关键指标，使国际中文教育本土化发展评价指标的确定、权重和指数合成方法等都做到简洁明确；二是相互独立，除了指标的指向需要明确，指标间还应保持相互独立、不叠加、不雷同，避免重复计算；三是操作简便，指标结构维度应清晰、层次分明。①

（二）国际中文教育本土化发展评价指标筛选与设计

1. 基于文献分析法的评价指标甄选与补充

中文是联合国大会和联合国安全理事会的工作语言之一，并且近几年来，由于联合国相继开通多个中文社交媒体账号，中文吸引了不少国家关注。中文的不断推广和运用，促进了以联合国为代表的多边治理机制的运行，增进了全世界中文使用者对于全球治理的了解和参与度。

笔者通过整理、分析相关文献，发现中文教育人才毕业标准基本集中在知识、素质和能力三方面。基于现有的标准，初步形成指标库（包括 15 项指

---

① 郭晶. 国际中文教育本土化发展指数构建研究［J］. 民族教育研究，2021，32（3）.

标）：职业道德、社会责任感、热爱中文教育事业、良好的人文素养、扎实的中文知识、了解行业法律法规、分析问题能力、解决问题能力、教育设计与管理能力、教育改造和创新能力、团队协作能力、跨文化沟通交流能力、使用现代工具能力、终身学习意识、不断学习的能力。

　　通过文献综述分析，笔者进一步发现，在构建国际中文教育人才培养指标时，学者们大多考虑上述内容，只不过补充了更具时代性的内容，如网络化能力、创业意识等，指标指向更加多元和综合，同时突出强调跨学科交流融合能力。国际教育实践能力相关指标频次统计如表3-1所示。

表3-1　　　　　　　　国际教育实践能力相关指标频次统计

指标	频次	指标	频次
跨学科思维	19	教育设计能力	11
创新发展	18	使用网络化工具	10
跨学科知识交叉融合能力	16	领导能力	9
教育管理能力	16	质疑、批判思维	9
沟通和交流	15	系统思维	9
运用中文知识及相关学科知识分析复杂中文问题	14	能够在团队中承担个体、团队成员以及负责人的角色	9
专业知识	14	文科思维	8
团队协作能力	14	熟悉专业相关领域的技术标准、政策和法律法规	7
教育方案设计与操作能力	13	逻辑构思能力	7
终身学习	13	能够理解和评价复杂教育问题解决方案对环境和社会可持续性发展的影响	5
中文知识	12	跨文化交流	5
逻辑思维	11	教育开发能力	5
教育决策与预判	11	教育设计力	5
不断适应、更新知识	11	全球胜任力	4

　　注：由SPSS统计分析而来。

从表3-1中可以发现，跨学科思维、创新发展、跨学科知识交叉融合能力、教育管理能力出现频次较多，在15次以上。因此，可以认为，在国际中文教育发展中，更加强调跨学科思维、创新发展、跨学科知识交叉融合能力等，这是成为未来国际教育人才必不可少的能力素养。同时，在当前社会发展下，为应对未来经济发展与产业变革所需的全球胜任力、使用网络化工具，以及跨文化交流等指标同样重要。

国际中文教育专业学生综合素养涉及知识、中文教育能力、教育素质三个方面，本书以能力本位教育理论等为指导，筛选、保留与国际中文教育学生实践能力相关的要素，过滤频次出现较低的指标，同时增添与时俱进的指标要素，初步构建了国际中文教育本土化视角下国际中文教育学生实践能力指标库（见表3-2）。

表3-2　　国际中文教育本土化视角下国际中文教育学生实践能力指标库

序号	指标
1	掌握扎实的专业知识
2	中文素养、教育管理、心理学科等知识交叉融合能力
3	运用教育学知识及中文相关知识分析复杂中文教育问题的能力
4	数据分析、解释能力
5	教育设计能力
6	教学改造和创新思维
7	团队协作与交流能力
8	质疑与批判思维
9	具有自主终身学习意识
10	能够在跨文化环境中进行交流、竞争和合作
11	教学管理能力
12	文科思维能力
13	使用现代工具能力
14	熟悉专业相关领域的技术标准、政策和法律法规
15	参与或负责中文教育项目管理、决策以及处理危机与突发事件
16	评价国际中文教育实践和复杂问题解决方案对社会、健康、安全、法律以及文化的影响

序号	指标
17	网络化能力，能够应对未来行业和产业发展
18	能够理解和评价复杂教育问题解决方案对环境和社会可持续发展的影响
19	教学设计能力
20	逻辑构思能力
21	教育开发能力
22	教育领导力
23	能够设计、验证数学模型
24	不断更新知识
25	具有全球视野
26	创新发展能力
27	跨学科知识交叉融合能力

注：由资料分析整理而来。

2. 基于行为事件访谈法的评价指标再次筛选

上一小节选取的指标基本上可以支持国际中文教育本土化视角下国际中文教育学生实践能力指标体系的构建，但根据指标构建的科学性原则，还需要进一步研究。因此，本小节采取行为事件访谈法，通过对国际中文教育的学生和教师进行深入访谈，提取相关指标，确保指标选取的典型性和合理性。

（1）访谈对象

行为事件访谈法采取有目的性的样本抽取原则，对样本容量的要求较低，主要关注点在于样本的完整性以及被访谈对象能否清晰、准确地回答研究者提出的问题。因此，通过多方寻找，我们选取 H 大学 7 位具有副教授职称及以上的教师和 15 位国际中文教育专业本科生进行深度访谈，时长为 30 ~ 60 分钟，全程录音。

（2）访谈内容分析

访谈结束后，我们分别整理教师和学生访谈文本，对访谈文本进行分析、甄别，提取了符合国际中文教育本土化视野下国际中文教育学生实践能力的相关指标，访谈内容示例如表 3 - 3 所示。

表3-3　　　　　　　　　　访谈内容示例

访谈对象	访谈文本	要素提取
国际中文教育教师	1. 正常来说，我们一般是通过一些传统的模拟教学方式来进行中文教育能力的培养，现在对国际中文教育本土化发展提出了更高的要求，不仅对学生有一些传统的中文教育能力的基础要求，也需要学生懂得迁移，也就是说，要把现在学到的相关知识融合、交叉到一起，解决某一个问题。 2. 我是一线教师，对于国际中文教育本土化可能没有很宏观的认识，但我一直做这方面的项目，申报了一个国际中文教育项目。国际中文教育本土化，涵盖得比较广，拿我们做的来说，一个特色就是学科深度交叉，但同时要注重"本土"。这对学生能力培养其实是一个综合的要求。我们国际中文教育本土化项目是一个"文、艺、雅、精"交叉融合的创新型教育项目。 3. 本科阶段的学生培养，包括人才培养，针对传统教育学科，我们可能教给学生的东西是解决，是能够在规范的指导下正确地解决，而不是要有多大创新。国际中文教育本土化就是要求对传统的国际中文教育有一个更大的灵活度以及本土适应性，需要学生思维更发散，并不只是局限于专业课，而是其他学科如心理学等的知识也应该学，其实以前也要求学这些学科内容，这些都是比较基础的，我们更希望能够融入人文学科等思想与知识	知识迁移能力、学科知识交叉融合能力； 跨学科知识、创新能力； 综合应用中文、教育学、心理学等专业知识，具备知识迁移能力，掌握一定的教育设计管理相关知识
国际中文教育学生	1. 教学模拟次数不固定，一学期会有几次大的模拟活动，以小组形式在规定的时间完成，然后把教案和方法理论等写出来，主要还是理论知识学到的比较多，当然教学能力也得到提升。有了理论基础后，课堂上的训练也必不可少，在小组中，沟通交流很重要，对于如何深入中文教学、如何贯彻本土化等，课程探讨中往往会产生意想不到的内容。 2. 有一门创新实践课程，这门课程中实践占比较大，我们要设计教案，比较难。 3. 通过做毕业设计，融会贯通自己所学知识，还要再去学一些额外的知识，因为要对自己做的东西负责。其实做毕业设计还是挺锻炼人的，包括报告书写、逻辑思维、分析并解决问题等	动手操作能力、小组协作、创新思维； 创新实训能力； 分析和解决问题的能力、逻辑思维

　　根据这种方式，对剩下的访谈文本进行指标提取，并对指标出现频次进行统计，再结合前文整理的指标进行归纳整理。第一，部分指标存在交叉重

叠现象，根据评价指标体系的独立性原则，这类指标可以合并。例如，创新实训能力、创新创业思维可合并为创新发展能力；动手操作能力、能够设计并验证教学模型可合并为教学分析、设计能力。第二，部分出现频率不高的指标，由于具有时代性，符合国际中文教育人才要求，因此也应纳入，如跨文化交流、竞争和合作，知识迁移能力等。

（三） 国际中文教育本土化发展评价指标体系的构建

为了保证指标的科学性与实用性，需要严谨地筛选与修改指标要素。因此，采用德尔菲法对指标进行修改。德尔菲法又称专家咨询法，是对指标征得一致性意见的一种研究方法。

1. 德尔菲法咨询问卷的调查与设计

（1） 咨询问卷的设计

根据上一节初步构建的评价指标体系，设计咨询问卷。设计的咨询问卷应包括两部分。第一部分是指标咨询栏，这部分将采用李克特量表，数字 1～5 依次表示该指标在本调查中的重要程度，1 代表特别不重要、2 代表不重要、3 代表一般重要、4 代表比较重要、5 代表非常重要。第二部分是评估信息栏，其中内容包括教师对所答问题的熟悉程度，教师进行判断、建议及修改的主要依据。

（2） 专家咨询组的组建

在组建专家咨询组时，要注意选取符合标准的专家。选取的专家所钻研领域应与本课题相关，还应具备扎实的理论基础以及丰富的实践经验。专家咨询组人数一般不超过 20 人，在 8～20 人范围内，可提高指标选取的准确度。据此，我们向熟悉国际中文教育本土化发展及从事教育推广的专家咨询。本次专家咨询共进行了两轮。

（3） 咨询过程及结果

问卷咨询包括两轮，第一轮发放回收后，进行整理。第二轮问卷咨询则在第一轮的基础上汇总数据，并进行修改。根据第一轮的专家意见，制作新的问卷，并依照第一轮同样的规则与方式填写第二轮问卷，再进行统计分析，从而修正和确认国际中文教育本土化发展评价指标。最终，结合两轮专家咨询的意见，合并具有重复意义的内容，如一级指标国际中文教育本土化发展下的二级指标中文教学资源本土化发展和孔子学院本土化发展合并为中文教学资源本土化发展，归为教学资源发展类。鉴于专家对其他指标基本持相同意见，且指标评分均不低于3.8，因此其他指标不做改动。最终指标体系包含1个一级指标，3个二级指标，10个三级观测点。

2. 专家咨询结果的分析与处理

（1）指标体系的可靠性分析

第一，基本情况分析。

专家的基本情况对指标选取的合理性具有重要的意义，整理专家反馈信息，主要梳理了性别、年龄、教龄、学历、职称等信息（见表3-4至表3-8）。

表3-4　　　　　　　　　　咨询专家的性别统计

性别	人数	百分比（%）
男	6	60
女	4	40

表3-5　　　　　　　　　　咨询专家的年龄统计

年龄（岁）	人数	百分比（%）
≤35	4	40
36~55	5	50
≥56	1	10

表3-6　　　　　　　　　　咨询专家的教龄统计

教龄（年）	人数	百分比（%）
≤10	2	20
11~20	6	60
≥21	2	20

表3-7　　　　　　　　　　咨询专家的学历统计

学历	人数	百分比（%）
本科	0	0
硕士研究生	2	20
博士研究生	8	80

表3-8 咨询专家的职称统计

职称	人数	百分比（%）
初级	1	10
中级	3	30
副高	5	50
正高	1	10

注：由 Excel 分析而来。

从上表中可以发现以下几点：一是咨询专家的性别分布比较均匀；二是咨询专家年龄集中在 36～55 岁，占比为一半；三是咨询专家教龄 11 年及以上的有 8 人，占比 80%，说明专家对国际中文教育本土化实践能力比较了解，并且具有丰富的实践经验，从而也保障指标选取的合理性；四是咨询专家的学历皆为研究生，且以博士研究生为主；五是咨询专家职称在中级及以上的高达 90%。鉴于学历和职称在一定程度可以体现专家的学术水平和科研能力，因此保证了该指标的权威性。

第二，专家积极系数。

专家积极系数是对专家所参与研究内容的关注与配合程度的考察，可以通过咨询问卷表的回收率来了解专家所参与研究内容的关注与配合程度（专家积极系数＝问卷回收的专家人数/参与咨询的专家人数×100%）。第一轮发放了 15 份咨询问卷，回收 12 份，积极系数为 80%。第二轮发放了咨询问卷 12 份，回收 10 份，积极系数为 83%（见表3-9）。

表3-9 咨询问卷回收情况

轮数	发放份数	回收份数	有效份数	回收率	有效率	专家积极系数
第一轮	15	12	12	80%	80%	80%
第二轮	12	10	10	83%	83%	83%

注：根据专家咨询问卷回收数据整理而成。

德尔菲法专家积极系数超过 50%，就具有可信度，可以采用。两轮的积极系数均超过 50%，达到 80% 及以上，说明咨询专家积极程度较高，且具有可靠性。

第三，专家权威程度。

专家权威程度是指专家自身在该研究领域所具有的权威性对调查结果的影响，用 Cr 来表示。

$$Cr = \frac{Ca + Cs}{2}$$

其中，系数 Ca 代表判断依据，一般以专家直觉、理论分析、工作经验、其他参考作为判断依据，$Ca \leqslant 1$。当 $Ca = 1$ 时，表示判断依据对教师的影响程度大；当 $Ca = 0.8$ 时，表示判断依据对教师的影响程度中等；当 $Ca = 0.6$ 时，则表示判断依据对教师的影响程度小。计算方法为对专家判断依据量化数值依次求和，再除以人数，计算平均数。具体专家判断依据量化如表 3-10 所示。

表 3-10　　　　　　　　　　专家判断依据量化情况

判断依据	影响程度		
	大	中	小
专家直觉	0.1	0.1	0.1
理论分析	0.3	0.2	0.1
工作经验	0.5	0.4	0.3
其他参考	0.1	0.1	0.1
合计	1	0.8	0.6

因此，通过对第二轮回收的咨询问卷进行数据统计，我们发现，专家判断依据以"工作经验"为主，"专家直觉""其他参考"等影响较小。根据数据统计，我们得出 Ca 数据出现的结果依次为 0.7、1、0.8、0.9、0.7、0.8、1、0.9、0.7、1，则 Ca 为：

$$Ca = \frac{0.9 \times 2 + 1 \times 3 + 0.8 \times 2 + 0.7 \times 3}{10} = 0.85$$

系数 Cs 代表熟悉程度，当 $Cs = 1$ 时，表示专家对问题很熟悉；当 $Cs = 0.8$ 时，表示专家对问题比较熟悉；当 $Cs = 0.6$ 时，表示专家对问题一般熟悉；当 $Cs = 0.2$ 时，表示专家对问题较不熟悉；当 Cs 等于 0 时，表示专家对问题很不熟悉。熟悉程度的计算方法为专家对问题熟悉程度系数乘以相对应选择的人数，即加权求和（见表 3-11、表 3-12）。

表 3-11 专家对问题熟悉程度系数

熟悉程度	很熟悉	比较熟悉	一般熟悉	较不熟悉	很不熟悉
Cs	1	0.8	0.6	0.2	0

表 3-12 专家对问题的熟悉程度人数统计

熟悉程度（Cs）	人数	百分比（％）
很熟悉	7	70
比较熟悉	2	20
一般熟悉	1	10
较不熟悉	0	0
很不熟悉	0	0

通过对第二轮回收的专家咨询问卷进行数据统计，我们发现大部分专家对指标很熟悉，最终通过数据计算得出：

$$Cs = \frac{1 \times 7 + 0.8 \times 2 + 0.6}{10} = 0.92$$

根据专家权威程度计算公式，可得第二轮专家权威程度 Cr 为：

$$Cr = \frac{0.85 + 0.92}{2} = 0.885$$

第一轮和第二轮回收的专家咨询问卷专家权威程度（Cr）统计如表 3-13 所示。

表 3-13 专家权威程度（Cr）统计

轮数	判断依据（Ca）	熟悉程度（Cs）	权威程度（Cr）
第一轮	0.82	0.88	0.85
第二轮	0.85	0.92	0.885

注：由专家咨询问卷数据统计分析得来。

通常认为 $Cr \geqslant 0.70$ 为可接受水平。从结果来看，第一轮咨询问卷中判断依据为 0.82，第二轮中判断依据为 0.85，说明专家认为指标评判理由较充分，比较可信；第一轮咨询问卷中熟悉程度为 0.88，第二轮中熟悉程度为 0.92，说明专家对国际中文教育本土化实践能力指标具有一定了解，指标体系具有实践性；第一轮专家权威程度为 0.85，第二轮专家权威程度为 0.885，

$Cr > 0.7$，说明咨询结果可信，同时表明在第一轮咨询问卷基础上再次修正、编制问卷，第二轮问卷的专家权威程度更高，指标体系进一步完善。

（2）指标数据的量化处理

鉴于各项指标不宜直接比较其差别程度，这里用指标的变异系数来衡量指标取值的差异程度。变异系数也称离散系数，其定义为标准差与均值之比，即 $V\sigma = \dfrac{\sigma}{X}$。

根据 SPSS 的统计结果，可得到第二轮专家咨询问卷二级指标统计分析（见表 3 – 14）。

表 3 – 14 　　　　　　第二轮专家咨询问卷二级指标统计分析

二级指标	N	最小值	最大值	均值	标准差	变异系数
中文教育政策本土化发展	10	4.00	5.00	4.70	0.483	0.103
中文师资本土化发展	10	3.00	5.00	4.20	0.632	0.150
中文教学资源本土化发展	10	3.00	5.00	4.40	0.843	0.192

根据变异系数分布规律，当均值 > 3.50、变异系数 < 0.240 时指标有效且可信。在第一轮 12 位专家咨询问卷的二级指标统计数据分析中，指标均值 > 3.50，变异系数 < 0.240，符合要求，均保留，故第二轮咨询问卷二级指标并未改动。由表 3 – 14 可知，第二轮专家咨询问卷中，3 个二级指标的均值也都 > 3.5，在 4.20 ~ 4.70 之间，变异系数 < 0.240，说明 10 个专家对 3 个二级指标的认可度很高，符合要求，所以在第一轮与第二轮的双重验证下，保留所有一级指标及二级指标。

同样，将第二轮专家咨询问卷三级观测点获得的数据导入 SPSS，分析各项指标的均值、标准差和变异系数，得到表 3 – 15 所示的三级观测点的各项统计数据。

表 3 – 15 　　　　　　　　三级观测点统计分析

三级观测点	N	最小值	最大值	均值	标准差	变异系数
通过法律形式将中文教育纳入本国教育体系	10	3.00	5.00	3.90	0.568	0.146
为各级各类本国学校编制中文教学大纲	10	3.00	5.00	4.10	0.568	0.139

续　表

三级观测点	N	最小值	最大值	均值	标准差	变异系数
将中文列为本国国家考试的外语科目之一	10	4.00	5.00	4.60	0.516	0.112
在本国大中小学开设中文选修课程	10	4.00	5.00	4.60	0.516	0.112
中文师资的招聘本土化	10	3.00	5.00	4.30	0.823	0.191
中文本土师资培养体系的完善	10	3.00	5.00	4.20	0.919	0.219
中文本土师资的晋升渠道畅通	10	3.00	5.00	4.20	0.632	0.150
中文课程本土化程度	10	4.00	5.00	4.50	0.527	0.117
中文教材本土化程度	10	4.00	5.00	4.20	0.422	0.100
中文数字应用本土化程度	10	3.00	5.00	4.40	0.699	0.159

在均值 > 3.50、变异系数 < 0.240 的指标筛选标准下，第一轮由 12 位专家对 10 个三级观测点进行评价，获取数据并进行分析，发现 10 个三级观测点均满足筛选标准。从表 3 – 15 中可以发现，修改后的 10 项三级观测点均值 > 3.50，且变异系数 < 0.240，说明第二轮的 10 位专家对修改后的三级观测点表示认可，因而予以保留。

3. 评价指标体系的最终确定

结合国际中文教育本土化发展相关文献，基于文献分析法和行为事件访谈法，本书筛选了国际中文教育本土化发展评价指标。为了保证科学性、合理性，我们采用德尔菲法进行了两轮专家咨询，修改并确定了最终的评价指标体系（见表 3 – 16）。

表 3 – 16　　　　　**国际中文教育本土化发展评价指标体系**

一级指标	二级指标	三级观测点
国际中文教育本土化发展	中文教育政策本土化发展	通过法律形式将中文教育纳入本国教育体系； 为各级各类本国学校编制中文教学大纲； 将中文列为本国国家考试的外语科目之一； 在本国大中小学开设中文选修课程

续　表

一级指标	二级指标	三级观测点
国际中文教育本土化发展	中文师资本土化发展	中文师资的招聘本土化； 中文本土师资培养体系的完善； 中文本土师资的晋升渠道畅通
	中文教学资源本土化发展	中文课程本土化程度； 中文教材本土化程度； 中文数字应用本土化程度

二、国际中文教育市场化发展及评估

（一）国际中文教育市场化发展评价指标体系的构建思路和原则

1. 国际中文教育市场化发展评价指标体系的构建思路

现实迫切需要我们与时俱进，主动探索世界中文教育可持续发展之路，切实服务国际中文教育现实需求和未来可持续发展需要，探索形成创新理论成果、线上教育产品、决策咨询报告、市场运行机制模型等，为世界范围内尤其是西方国家的国际中文教育提供最直接、有效的理论参考和可复制的实践模式，为基于国际中文教育的全球文化治理体系和人类命运共同体构建提供参考。[1]

国际中文教育市场化的内涵是以中文教育市场化为前提、以多语言教育公平竞争为基础，形成国际中文教育本土化生存和发展的生态环境。国际中文教育内蕴深厚、博大精深，而国际局势和文化环境复杂多变，依托国际中文教育市场的牵引作用和主导作用，可以更有效地服务国家战略，满足用户需求，打造多语种在线教育平台，实现中文教育模块的精品化与范例化。[2]

建立以市场需求为导向的国际中文教育运行机制，充分发挥市场的主导

---

① 高育花. 新冠疫情下的国际中文教育研究综述［J］. 天津师范大学学报（社会科学版），2021（6）．

② 孙宜学. 国际中文教育市场化运行的必要性与可行性［EB/OL］.（2021 - 04 - 16）［2022 - 11 - 12］. https：//news. tongji. edu. cn/info/1007/77240. htm.

功能，基于大数据分析，利用中外高校的教育资源和国际中文教育已有的市场化优势，可以更加准确地了解海外中文学习者的实际需求，如求职需求、日常语言交际需求、考试需求、个人兴趣爱好等，及时掌握国际中文教育发展新阶段海外中文学习者需求的动态变化及特点。

研发并运营"一国一策"的线上国际中文教育平台，实现与不同国家尤其是西方国家国际中文教育市场需求的精准对接，以直播、录播以及二者结合的方式开展线上课堂，建立以服务国际中文教育市场为目的的新型运行机制，有利于推动国际中文教育成功转型发展。

文化具有差异性，国际中文教育的生存和发展环境决定了其必须采取差异化的运行方式和传播手段。因此，必须注重国际中文教育与当地特色文化的结合，开设具有本土特色的课程，打造具有本土特色的中文教材，使国际中文教育融入并助力当地社区发展。

目前，很多西方国家的国际中文教育机构或合作项目被明确定位为非营利性的，经费上难以做到自给自足，资金来源问题成为制约发展的障碍之一。因此，只有推动国际中文教育机构从非营利性向营利性转变，以"生存—发展—壮大"为基本运营理念，进一步营造更国际化、市场化的国际中文教育生存、生长、发展的本土人文环境，才能推动国际中文教育全面融入所在国。

2. 国际中文教育市场化发展评价指标体系的构建原则

国际中文教育市场化发展评价指标体系构建中要特别注重以下四个方面。

一是系统性原则。系统性原则指的是所构建的各指标之间应具有一定的逻辑关系，各指标应既相互独立又彼此联系，构成一个有机的统一体。

二是典型性原则。典型性原则指的是应确保所构建的评价指标具有一定的代表性，评价指标要尽可能准确地反映出特定区域的综合特征。

三是动态性原则。动态性原则指的是在选择指标时要充分考虑到指标的动态变化，应尽可能地收集有关指标的年度变化数值。

四是可比、可操作、可量化原则。可比、可操作、可量化原则指的是在选择指标时应特别注意指标在总体范围内的一致性，指标选取必须采用统一的量度和计算方法，各指标应具备很强的现实可操作性和可比性，同时还要便于收集。

（二）国际中文教育市场化发展评价指标筛选与设计

1. 基于文献分析法的评价指标甄选与补充

2019 年 12 月 9 日，国际中文教育大会在长沙开幕，会议中提到，在世界多极化、经济全球化、社会信息化、文化多样化的深入发展背景下，各国之间的交往日益密切，涉及政治、经贸、人文等各方面的交流与合作。中国在扩大开放中深度融入世界，此举不仅促进了中国的发展，对世界上其他国家来说也是难得的机遇。语言作为桥梁与纽带，让各国之间沟通与交流的实现成为可能，中文逐渐得到越来越多国家的认可。

《中华人民共和国国民经济和社会发展第十四个五年规划和 2035 年远景目标纲要》提出，建设中文传播平台，构建中国语言文化全球传播体系和国际中文教育标准体系。其中，"一平台、两体系"具有内在的紧密联系，是新时代促进国际中文教育创新发展的重要载体，建好"一平台、两体系"，必须统筹好标准研制推广、多元办学推动和师资队伍体系打造。

首先，构建标准体系是建设中文传播平台和推动中国语言文化全球传播行稳致远的基础。质量提升，标准先行。经过多年发展，国际中文教育初步建立了一套科学规范、包容开放、便于实施的教师、教学、教材、课程、考试等系列标准，规范和服务了各国、各地、各校开展中文教育，起到了标准引领的积极作用。面对新时代教育理念发展、新技术应用、在线国际中文教育、"中文 + 职业技能教育"等多样化个性化新需求，我们要与时俱进地制定和完善系列标准。同时，应着力增强标准的权威性和可操作性，推动国际中文教育系列标准国际化，并配合做好与相关区域和国家标准的对接，切实使之发挥提高国际中文教育质量的保障作用。

其次，多层次、多主体协同的办学体系是推动中外语言文化交流的坚实载体。语言是交流的工具，是文化的载体。截至 2020 年年底，全球已有 70 多个国家将中文纳入国民教育体系，4000 多所国外大学开设了中文课程，中国以外正在学习中文的人数约 2500 万人，累计学习和使用中文的人数近 2 亿人，据此也可以看出，国际中文教育需求旺盛、基础坚实。为满足学习者个性化、差异化和多样化的语言学习需求，要兼顾学历学分教育和选修体验式学习，配合支持各国中小学开设中文课程，提供大、中、小、幼中文教学服务，充分发挥中外院校办学主体作用，积极吸引中外企业、机构、组织和个人参与办学，借鉴基金会模式等，继续秉持中文教育的公益属性，逐步推动国际中文教育市场化发展。①

最后，打造数量充足的专业化、职业化师资队伍是"一平台、两体系"建设的关键。教育发展，关键在人。语言相通是民心相通的根本，师资队伍培养具有极其重要的意义。例如，2004 年以来，《国际汉语教师中国志愿者计划》累计向 150 多个国家和地区派遣 6 万多人，他们用中文浇灌友谊之树，用文化拉近距离，成为中外教育文化交流的重要力量。随着"中文热"的持续升温，当前亟须建立一支数量充足、质量过硬的专业化、职业化国际中文师资队伍，特别是要逐步实现以提高自身"造血"功能为主的国际中文师资本土化。当前，亟须在教师和志愿者的待遇标准、职业发展等方面提供政策优惠，以提高中文教师的岗位和职业吸引力。同时，应积极推动国际中文教育的一级学科地位，健全国际中文教育本硕博学科体系等，为师资培养提供重要保障。

中文是中国向世界提供的一种重要国际公共产品，提高国际中文教育产品的质量和服务水平，是提升中华文化影响力的应有之义。"一平台、两体系"为国际中文教育和中国语言文化传播指明了前进方向和发展路径，蓝图已经绘就，奋进正当其时。②

国际中文教育市场化发展评价指标筛选与设计思路与国际中文教育本土化发展评价指标筛选与设计思路一致。

第一轮发放了专家咨询问卷 15 份，回收 13 份，积极系数为 87%。第二轮发放了专家咨询问卷 13 份，回收 10 份，积极系数为 77%，如表 3 – 17 所示。

表 3 –17　　　　　　　　专家咨询回收情况

轮数	发放份数	回收份数	有效份数	回收率	有效率	专家积极系数
第一轮	15	13	13	87%	87%	87%
第二轮	13	10	10	77%	77%	77%

注：根据专家咨询问卷回收数据整理而成。

---

① 胡建刚，贾益民. 国际职场汉语教学探讨［J］. 世界汉语教学，2022，36（3）.
② 刘立. 新时代提升孔子学院国际传播能力的多维思考［J］. 沈阳师范大学学报（社会科学版），2022，46（4）.

　　根据德尔菲法，专家积极系数超过50%就具有可信度，可以采用。两轮的专家积极系数均超过50%，达到77%及以上，说明咨询专家对本文积极程度较高，且具有可靠性。

　　通过对第二轮回收的专家咨询问卷进行数据统计，发现大部分专家对指标很熟悉（见表3-18）。

表3-18　　　　　　　　专家对问题的熟悉程度人数统计

熟悉程度（Cs）	人数	百分比（%）
很熟悉	7	70
较熟悉	1	10
一般熟悉	2	20
较不熟悉	0	0
很不熟悉	0	0

　　数据计算结果如下：

$$Cs = \frac{1 \times 7 + 0.8 + 0.6 \times 2}{10} = 0.90$$

　　根据专家权威程度计算公式，可得第二轮专家权威程度 Cr，见表3-19。

$$Cr = \frac{0.85 + 0.90}{2} = 0.875$$

表3-19　　　　　　　　专家权威程度（Cr）统计

轮数	判断依据 Ca	熟悉程度 Cs	权威程度 Cr
第一轮	0.82	0.88	0.85
第二轮	0.85	0.90	0.875

　　注：由专家咨询问卷数据统计分析得来。

　　通常认为 $Cr \geqslant 0.70$ 为可接受水平。从结果来看，第一轮专家咨询问卷中判断依据为0.82，第二轮中判断依据为0.85，说明专家认为指标评判理由较充分，比较可信；第一轮专家咨询问卷中熟悉程度为0.88，第二轮中熟悉程度为0.90，说明专家对国际中文教育市场化发展指标具有一定了解，指标体系具有实践性；第一轮专家权威程度为0.85，第二轮专家权威程度为0.875，Cr 均大于0.7，说明咨询结果可信，同时表明在第一轮专家咨询问卷基础上再次修正、编制问卷,第二轮问卷的专家权威程度更高,指标体系进一步完善。

根据 SPSS 的统计结果,可得到第二轮专家咨询问卷二级指标统计分析(见表3-20)。

表3-20   第二轮专家咨询问卷二级指标统计分析

二级指标	N	最小值	最大值	均值	标准差	变异系数
明确了解当地中文学习者的实际需求	10	3.20	5.00	4.70	0.485	0.103
研发并运营本地化的线上国际中文教育平台	10	3.10	5.00	4.30	0.633	0.147
根据当地特色打造国际中文教育品牌	10	3.30	5.00	4.20	0.853	0.203
融入当地社区发展的程度	10	3.40	5.00	4.10	0.878	0.214

根据变异系数分布规律,我们认为当均值 >3.50、变异系数 <0.240 时指标有效且可信。在第一轮 13 位专家咨询问卷的二级指标统计分析中,指标均值 >4.30、变异系数 <0.230,因符合要求,均保留,此轮专家咨询问卷二级指标并未改动。由表3-20可知,第二轮专家咨询问卷中,4 个二级指标的均值也都 >3.50,在 4.10 和 4.70 之间,变异系数 <0.240,说明 10 个专家对 4 个二级指标认可度很高,符合要求。因此,在第一轮与第二轮的双重验证下,保留所有一级及二级指标。

同样将第二轮专家咨询问卷三级观测点获得的数据导入 SPSS,分析各项指标的均值、标准差和变异系数,得到三级观测点的各项统计数据(见表3-21)。

表3-21   三级观测点统计分析

三级观测点	N	最小值	最大值	均值	标准差	变异系数
满足当地中文学习者的求职需求	10	3.30	5.00	3.90	0.578	0.148
满足当地中文学习者的日常语言交际需求	10	3.50	5.00	4.30	0.548	0.127

续　表

三级观测点	N	最小值	最大值	均值	标准差	变异系数
满足当地中文学习者的个人兴趣爱好	10	4.20	5.00	4.70	0.516	0.110
满足当地中文学习者的国家考试需求	10	4.10	5.00	4.50	0.526	0.117
研发并运营在线直播教学平台（时差相差小的国家）	10	4.20	5.00	4.80	0.483	0.101
研发并运营网络课程录播平台（时差相对较大的国家）	10	3.40	5.00	4.30	0.813	0.189
研发并运营直播与录播相结合的教学平台（直播加录播）	10	3.30	5.00	4.10	0.919	0.224
研发并运营其他电子资源	10	3.50	5.00	4.20	0.632	0.150
开设具有当地特色的中文课程	10	3.90	5.00	4.50	0.527	0.117
打造具有当地特色的中文教材	10	4.10	5.00	4.20	0.422	0.100
结合当地特色开展中国文化活动	10	3.50	5.00	4.40	0.699	0.159
针对当地社区中文学习者类型提供社区服务	10	3.00	5.00	4.30	0.675	0.157
完善当地社区的中文学习设施	10	4.00	5.00	4.60	0.516	0.112
利用当地中外合作企业的资源来建设社区中文学习设施	10	3.00	5.00	4.50	0.707	0.157

　　在均值 >3.50、变异系数 <0.240 的指标筛选标准下，第一轮由 13 位专家对 14 个三级观测点进行评价，获取数据后进行分析。与专家沟通后，我们最终确定了第二轮专家咨询问卷，最终得出上述 14 项三级观测点。均值 >3.50 且变异系数 <0.240，说明专家对修改后的三级观测点表示认可，各项指标均符合要求，因而予以保留。

2. 评价指标体系的最终确定

国际中文教育市场化发展评价指标体系的确定采用了与国际中文教育本土化发展评价指标体系相同的方法。

国际中文教育市场化发展评价指标体系见表3-22。

表3-22　　　　　　　国际中文教育市场化发展评价指标体系

一级指标	二级指标	三级观测点
国际中文教育市场化发展	明确了解当地中文学习者的实际需求	满足当地中文学习者的求职需求； 满足当地中文学习者的日常语言交际需求； 满足当地中文学习者的个人兴趣爱好； 满足当地中文学习者的国家考试需求
	研发并运营本地化的线上国际中文教育平台	研发并运营在线直播教学平台（时差相差小的国家）； 研发并运营网络课程录播平台（时差相对较大的国家）； 研发并运营直播与录播相结合的教学平台（直播加录播）； 研发并运营其他电子资源
	根据当地特色打造国际中文教育品牌	开设具有当地特色的中文课程； 打造具有当地特色的中文教材； 结合当地特色开展中国文化活动
	融入当地社区发展的程度	针对当地社区中文学习者类型提供社区服务； 完善当地社区的中文学习设施； 利用当地中外合作企业的资源来建设社区中文学习设施

三、国际中文教育"中文＋职业技能"发展及评估

（一）国际中文教育"中文＋职业技能"发展评价指标体系的构建思路和原则

1. 国际中文教育"中文＋职业技能"发展评价指标体系的构建思路

国际中文教育"中文＋职业技能"发展旨在鼓励国内职业教育机构、中

资企业参与国际中文教育，促进职业技能与国际中文教育"走出去"融合发展。实施"中文＋职业技能"教育，对提升国际中文教育和中国职业教育全球适应性、增强中国教育品牌整体国际影响力、助力各国经济社会发展、促进中外民心相通具有十分重要的意义。

主要内容有三个方面：首先，开设"中文＋职业技能"相关课程，如中文与学科专业结合、中文与职业技术培训结合，使中文融入职业技能的运用当中；其次，把中文与当地语言结合起来，从而建立语言与职业教育学院，我们需要注重对专业师资的培养，注意开发教学资源，也可以建立实训基地，实时了解其中情况，促进学院学生在当地的就业；最后，完善"中文＋职业技能"师资培训体系，针对国际中文教育"中文＋职业技能"发展，我们可以培训复合型师资，培养职业技能专业教师的中文教学能力，并对其能力进行认证，鼓励职业技能专业教师考取国际中文教师资格证，从而进一步推动中文成为更多国际组织、国际会议工作语言，促进世界多元文明互学互鉴。

2. 国际中文教育"中文＋职业技能"发展评价指标体系的构建原则

国际中文教育"中文＋职业技能"发展评价指标体系构建过程中要特别注意以下四个方面。

（1）强化内涵建设，科学制定发展规划

加强政策支撑，全面提高"中文＋职业技能"教育的政策保障和可持续发展能力。继续做好统筹协调、政策引导、监测评估，做好与职业教育"走出去"试点等项目的衔接与合作。将"中文＋职业技能"国际推广基地建设纳入国际中文教育实践与研究基地发展规划统筹考虑，寻求多元、多渠道合作，建立成熟的项目管理运行机制和服务保障体系。

（2）坚持标准引领，提高中外需求融合度

基于国内职业教育办学标准、技术标准、产业标准，打造"中文＋职业技能"项目标准体系，充分发挥"中文＋职业技能"国际推广基地作用，联合海外中资企业，以质量为根本，以培训为载体，以专业为依托，结合所在国实际情况，开发符合当地经济发展需要的国别化职业技能标准和证书，为所在国的学员就业创业提供便利与支持。

（3）重视科技赋能，打造高水平教学资源体系

发挥现代科技优势，充分依托移动互联网、大数据、云计算、人工智能等新技术，设立融合线上线下的联合实训室、智慧教室等，实现远程连线、

云端授课，将"中文＋职业技能"数字资源和课程纳入国际中文教育数字化平台统筹建设，充分发挥中文联盟平台作用，推动网络中文课堂建设。

（4）加强调查研究，因地制宜做好项目试点

积极开展"中文＋职业技能"教育国别调研，对所在国职业技能培训、现有职业技能证书以及相关法律法规等进行研究，同时，继续选择试点国家、试点领域，通过建设中文工坊等方式推进"中文＋职业技能"教育。

随着我国进入新发展阶段，大力推进国际中文教育和职业教育"走出去"融合发展迎来新的历史机遇。推动构建"中文＋职业技能"教育高质量发展新体系是国际中文教育和职业教育与时代同行、与国际接轨过程中开展的一项积极探索和实践，有助于提升我国教育对外开放水平，对进一步推动共建"一带一路"落到实处、加快构建人类命运共同体具有重要现实意义。

（二）国际中文教育"中文＋职业技能"发展评价指标筛选与设计

随着我国对外开放的不断深入，推动国际中文教育与职业教育"走出去"融合发展，在海外实施"中文＋职业技能"教育具有十分重要的意义。相关政府部门、院校、培训评价组织、企业和机构对推进实施"中文＋职业技能"教育进行了有益探索和实践，取得显著成效。构建"中文＋职业技能"教育高质量发展新体系，需要强化内涵建设，坚持标准引领，重视科技赋能，加强调查研究，因地制宜做好项目试点，切实增强全球适应性。

2019年12月，国际中文教育大会强调，要在语言教学中融入适应合作需求的特色课程，积极推进"中文＋职业技能"项目，帮助更多的人掌握技能、学习中文。教育部等九部门印发的《职业教育提质培优行动计划（2020—2023年）》明确提出要推进"中文＋职业技能"项目，助力中国职业教育走出去，提升国际影响力。在国家政策的鼓励和推动下，作为"中文＋职业技能"教育的主要落实单位，中外语言交流合作中心加快推进"中文＋职业技能"教育组织实施工作，在管理模式、运行机制等方面进行实践探索，取得了一些成效，积累了办学经验。

（1）推动开设"中文＋"特色课程

根据技能类别、适用人群、地域特点等因素，在全球开设了形式多样、内容丰富的"中文＋"特色课程，涵盖旅游、机电、农业、高铁、航空等领

域，部分课程采取中外联合培养、理论学习和企业实训相结合的方式开展，具有较强的可持续性及实践导向性。据不完全统计，2019 年已为全球数十万名中文学习者开设了各类"中文＋"特色课程。例如，在卢旺达开设"中文＋竹编技术培训"课程，在肯尼亚开设"中文＋服装设计"课程，在泰国开设"中文＋高铁"课程，在比利时开设"中文＋商务"课程，在白俄罗斯开设"中文＋科技"课程，在日本开设"中文＋空乘"课程，在安提瓜和巴布达开设"中文＋农学"课程，等等。以上开设的中文课程受到当地中文学习者的热烈欢迎，因为该课程一方面满足了学习者的个性化学习需求，另一方面使学习者综合素质和就业能力得到提升。同时，从企业发展角度来说，该课程的开设培养了大批懂中文的专业技能型复合人才，对于中资企业的发展十分有利。此外，这些丰富多彩的教学实践也为进一步深入实施"中文＋职业技能"教育提供了有益借鉴。

（2）推动共建中泰语言与职业教育学院

2020 年 12 月，中外语言交流合作中心与泰国教育部职业教育委员会签署《关于开展"中文＋职业技能"合作的谅解备忘录》，启动建设全球第一所语言与职业教育学院。中泰语言与职业教育学院是适应泰方要求而设立的，已有多所泰国职业院校申请加入。教育部中外语言交流合作中心协同中方职业院校、行业培训评价组织、"走出去"中资企业等参与学院建设，中泰双方共同在专业师资培养、教学资源开发、考试认证推广、"1＋X"证书试点、实训基地建设及促进学生就业等方面开展合作，有效衔接中外职业教育办学标准、课程标准、教育标准和技术产业标准，并以此为基础设计课程、组织培训、开展考评。[①]

（3）推动共建全国首个"中文＋职业技能"国际推广基地

2020 年 11 月，全国首个"中文＋职业技能"国际推广基地挂牌，该基地是由中外语言交流合作中心与南京工业职业技术大学共建的。"中文＋职业技能"国际推广基地的建设推动了国际中文教育发展，为国际中文教育的发展积累了实践经验。同时，该基地的建设吸引了更多的院校加入"中文＋职业技能"的发展中，壮大了国际中文教育"中文＋职业技能"的发展队伍，

---

① 温秋敏．基于泰国"中文＋职业技术"需求的应对策略研究［J］．教育观察，2021，10（42）．

这与该基地建设的初衷是一致的。

（4）加强"中文＋职业技能"师资培训

南京工业职业技术大学"中文＋职业技能"国际推广基地启动复合型师资培训计划，培养认证职业技能专业教师的中文教学能力，推动职业技能专业教师考取国际中文教师资格证。与北京工业职业技术学院合作探索中文和职业技能"双师型"教师，储备"中文＋职业技能"教育专业人才。此外，还面向泰国、几内亚等国家探索本土职业技能教师培养方案。

在国家政策和政府的支持和引导下，地方各级政府、院校、培训评价组织、企业和机构也开展了一系列有益探索和实践。截至2021年，我国已在全球17个国家建立了18个"鲁班工坊"，通过将学历教育与职业培训有机结合，推动中外职业技术和职业文化互学互通。浙江省在海外建设"一带一路'丝路学院'"，推动实施人才培养、技能培训、国别研究、政策咨询、文化交流等项目的发展。在我国教育部和赞比亚当地相关部门的指导下，中国有色矿业集团有限公司联合国内10所高职院校共同建设了中国—赞比亚职业技术学院，学院的培训对象主要是当地中资企业的本土员工，主要是对这些员工开展中文或工业中文培训和技能培训。中兴教育与马来西亚马来亚大学合作开展"中文＋职业技能"培训，设立"中兴丝路奖学金"。中国有色金属集团在其海外矿产企业开设"中文＋职业技能"课堂。中国物流与采购联合会教育培训部、有色金属工业人才中心等机构编写了物流、工业中文教材，南京工业职业技术大学"中文＋职业技能"国际推广基地开发了电子商务、机电一体化、汽车、酒店管理、计算机等多个专业的中文教材。①

中国经济社会持续稳定发展，全球范围内的"中文热""中国热"持续升温，我国教育品牌国际影响力和吸引力越来越强，这些都为"中文＋职业技能"教育高质量发展带来历史性机遇。尽管"中文＋职业教育"的发展前景看起来很好，但我们也要认识到，与世界各地的教育个性化、职业技能多元化相比，"中文＋职业技能"的教育实践还处于起步阶段。"中文＋职业技能"教育涉及众多领域，与东道国在职业标准体系、职业技能培训、证书认证等方面存在政策衔接和法律难题，同时教学资源、师资人才国际化等方面

---

① 罗小如．"一带一路"背景下非洲孔子学院"中文＋"教育发展探究［J］．文教资料，2021（8）．

的储备也严重不足。此外，作为国际中文教育与职业教育携手出海的崭新尝试，实施"中文＋职业技能"教育缺乏可借鉴的成熟模式和经验。坚持新发展理念，加快构建"中文＋职业技能"教育高质量发展新体系是推动国际中文教育和职业教育融合发展的重要理论与实践依据，具有十分重要的意义。①

中共十九届五中全会明确提出，要加快构建以国内大循环为主体、国内国际双循环相互促进的新发展格局。"十四五"规划明确提出，建设中文传播平台，构建中国语言文化全球传播体系和国际中文教育标准体系。② 中外语言交流合作中心贯彻落实全国职业教育大会精神，立足国际中文教育和职业教育基本属性，坚持以中文教学为基础、以职业教育为特色、以提高质量为核心、以产教融合为途径、以试点项目为引领，不断完善体制机制，加强专业标准建设，加大师资培养力度，大力开发教学资源③，多措并举，推动"中文＋职业技能"教育高质量创新发展，切实增强全球适应性。④

1. 评价指标甄选与补充

国际中文教育"中文＋职业技能"发展评价指标筛选与设计思路与国际中文教育本土化发展评价指标筛选与设计思路一致。

第一轮发放了专家咨询问卷15份，回收11份，专家积极系数为73%。第二轮发放了专家咨询问卷11份，回收10份，专家积极系数为91%，如表3－23所示。

表3－23　　　　　　　　　专家咨询回收情况

轮数	发放份数	回收份数	有效份数	回收率	有效率	专家积极系数
第一轮	15	11	11	73%	73%	73%
第二轮	11	10	10	91%	91%	91%

注：由专家咨询问卷回收数据整理而成。

---

① 李炜. 职业教育"走出去"背景下的"中文＋职业技能"教材探索：《工业汉语·启航篇》的研发 [J]. 国际汉语，2021（00）.
② 董志勇. 新发展格局与高质量发展的内在逻辑 [J]. 北京大学学报（哲学社会科学版），2022，59（1）.
③ 赵岩. 高职院校国际学生"中文＋职业技能"课程体系的探索与实践：以铜仁职业技术学院为例 [J]. 河北职业教育，2022，6（4）.
④ 构建"中文＋职业技能"教育高质量发展新体系 [EB/OL]. (2021－06－02) [2022－11－12]. https：//www. sohu. com/a/469978797_ 120926215.

根据德尔菲法，专家积极系数超过 50% 就具有可信度，可以采用。两轮的专家积极系数均超过 50%，达到 73% 及以上，说明咨询专家积极程度较高，且具有可靠性。

通过对第二轮回收的专家咨询问卷进行数据统计，发现大部分专家对指标很熟悉（见表 3 - 24）。

表 3 - 24　　　　　　　　专家对问题的熟悉程度人数统计

熟悉程度（Cs）	人数	百分比（%）
很熟悉	6	60
较熟悉	3	30
一般熟悉	1	10
较不熟悉	0	0
很不熟悉	0	0

数据计算结果如下：

$$Cs = \frac{1 \times 6 + 0.8 \times 3 + 0.6}{10} = 0.90$$

根据专家权威程度计算公式，可得第二轮专家权威程度 Cr（见表 3 - 25）。

$$Cr = \frac{0.85 + 0.90}{2} = 0.875$$

表 3 - 25　　　　　　　　专家权威程度（Cr）统计

轮数	判断依据 Ca	熟悉程度 Cs	权威程度 Cr
第一轮	0.82	0.88	0.85
第二轮	0.85	0.90	0.875

注：根据专家咨询问卷数据统计分析得来。

由表中数据可以看出，咨询结果可信，同时表明在第一轮专家咨询问卷结果上，再次修正、编制问卷，第二轮问卷的专家权威程度更高，指标体系进一步完善。

根据 SPSS 的统计结果，可得到第二轮专家咨询问卷二级指标的统计分析（见表 3 - 26）。

表 3-26 第二轮专家咨询问卷二级指标统计分析

二级指标	N	最小值	最大值	均值	标准差	变异系数
开设"中文 +"相关课程	10	4.30	5.00	4.50	0.383	0.085
结合中文和当地语言建设语言与职业教育学院	10	3.20	5.00	4.30	0.622	0.145
完善"中文 + 职业技能"师资培训体系	10	3.00	5.00	3.90	0.833	0.214

根据变异系数分布规律,认为当均值 > 3.50、变异系数 < 0.240 时指标有效且可信。在第一轮专家咨询问卷的二级指标统计数据分析中,指标均值 > 3.50、变异系数 < 0.240,因符合要求,均保留,此轮专家咨询问卷二级指标并未改动。在第二轮专家咨询问卷中,3 个二级指标的均值也都 > 3.50、变异系数 < 0.240,说明 10 个专家对 3 个二级指标认可度很高,符合要求。因此,在第一轮与第二轮的双重验证下,保留所有一级及二级指标。

同样将第二轮专家咨询问卷三级观测点获得的数据导入 SPSS,分析各项指标的均值、标准差和变异系数,得到三级观测点的各项统计数据(见表 3-27)。

表 3-27 三级观测点统计分析

三级观测点	N	最小值	最大值	均值	标准差	变异系数
中文 + 中国文化结合程度	10	3.30	5.00	4.20	0.538	0.128
中文 + 学科专业结合程度	10	3.10	5.00	4.20	0.568	0.135
中文 + 职业技术培训结合程度	10	4.00	5.00	4.50	0.516	0.115
培养专业师资情况	10	4.00	5.00	4.60	0.516	0.112
开发教学资源情况	10	4.30	5.00	4.70	0.483	0.103
推广考试认证情况	10	3.00	5.00	4.30	0.813	0.189
"1 + X"证书试点情况	10	3.00	5.00	4.10	0.899	0.219
建设实训基地情况	10	3.30	5.00	4.20	0.634	0.151
促进学员就业情况	10	4.00	5.00	4.50	0.517	0.115

续 表

三级观测点	N	最小值	最大值	均值	标准差	变异系数
复合型师资培训开展情况	10	4.00	5.00	4.30	0.422	0.098
培养职业技能专业教师的中文教学能力情况	10	3.10	5.00	4.30	0.679	0.158
认证职业技能专业教师的中文教学能力情况	10	3.60	5.00	4.30	0.675	0.157
推动职业技能专业教师考取国际中文教师资格证情况	10	4.10	5.00	4.60	0.526	0.114

在均值 >3.50、变异系数 <0.240 的指标筛选标准下,第二轮由 10 位专家对 13 个三级指标进行评价,获取数据后进行分析,可以发现,修改后的 13 项三级观测点均值 >3.50 且变异系数 <0.240,说明 10 位专家对修改后的三级观测点表示认可,三级观测点均符合要求,因而予以保留。

2. 评价指标体系的最终确定

表 3 - 28　　　　国际中文教育"中文 + 职业技能"发展评价指标体系

一级指标	二级指标	三级观测点
国际中文教育"中文 + 职业技能"发展	开设"中文 +"相关课程	中文 + 中国文化结合程度; 中文 + 学科专业结合程度; 中文 + 职业技术培训结合程度
	结合中文和当地语言建设语言与职业教育学院	培养专业师资情况; 开发教学资源情况; 推广考试认证情况; "1 + X"证书试点情况; 建设实训基地情况; 促进学员就业情况
	完善"中文 + 职业技能"师资培训体系	复合型师资培训开展情况; 培养职业技能专业教师的中文教学能力情况; 认证职业技能专业教师的中文教学能力情况; 推动职业技能专业教师考取国际中文教师资格证情况

四、国际中文教育传播力及评估

（一）国际中文教育传播力评价指标体系的构建思路和原则

1. 国际中文教育传播力评价指标体系的构建思路

国际中文教育传播是新形势下增进国际理解、构建中国话语体系、推动中外人文交流的重要基础和手段。在"讲好中国故事，传播好中国声音"的过程中，需注意以下三个方面。

首先，要注意国际中文教育传播主体的多样化，完善当地国际中文教育教学机构，关注众多的中文学习者、中文教育从业人员。

其次，注意国际中文教育传播内容多元化，努力丰富当地中文教育内容，突出当地中文教育特色，注重当地中文教育内容的个性化、差异化、多样化。

最后，要加强国际中文教育传播方式多维化，如通过微信公众号、短视频等方式，在线上开展中文教育，同时线下教育也要加强，如课堂语言教学、组织课外活动等。此外，要审时度势，将二者结合起来。

2. 国际中文教育传播力评价指标体系的构建原则

（1）真实性

真实性即国际中文教育传播的内容必须是真实可信的，具体包括事实真实和价值真实。事实真实是指故事不仅要以真实人物为原型，还要以真实事件为原貌，绝不能违背基本事实原则；价值真实是指故事中所表达的价值观要符合社会主流的价值观，绝不能对任何国家的国家形象进行歪曲、误导和丑化。

（2）时代性

所谓的时代性，是指故事内容能够将新时代的新要求和新风貌体现出来，具体而言，包括当代性和发展性。当代性是指故事内容对当代中国社会建设应具有重要价值，对解决当代世界所共同面临问题应具有启示意义；发展性是指故事的"可持续发展"，故事应该是可以持续讲述的，而非一次性的，并且故事的讲述范围应该是可以以各种形式、向各行各业拓展。

（3）人民性

所谓的人民性，是指人民的思想感情、愿望和利益需求等能够在故事中得到反映,人民是故事内容的源泉,因此故事内容应该"为了人民、服务人民"。具体而言,其包括贴近性和服务性。贴近性是指故事内容要与群众生活实际相贴切;而服务性是指故事的内容要为人民群众服务、为社会主义事业服务、为党和国家工作大局服务。

(二) 国际中文教育传播力评价指标筛选与设计

1. 基于文献分析法的评价指标甄选与补充

中华文明在历史长河中不断演进,中华文化也在不断创新中得到了传承和传播。"中华文化传播"并非全新的文化词语或理念,作为历史话语,已经在人类文明的冲突和融合中经历了跌宕起伏;在汉民族与北方匈奴的较量中,华夏农耕文明同游牧文明产生竞争与融合;早期的文化与贸易在戈壁中走出了丝绸之路;元、清的铁血武力没有割断汉语和汉文化的传承;鸦片战争之后,中华民族痛定思痛,开展新文化运动;实施改革开放基本国策,如今我们加入新一轮的全球化进程中,"一带一路"倡议为中华文化进一步走向世界创造了新的环境。其实,从中国历史的文明轨迹可以看到,中华文化传播这个命题,在历史的任何时期从未中断过,只不过是传播的路径、形态、方式和主客体不同而已。

随着国际竞争与合作的不断强化,在民族文化与世界文化的共存交织中,在全球化和"逆全球化"抗衡中,我们又迎来了新的中华文化传播的使命。中共中央总书记、国家主席、中央军委主席习近平在国际上已经多次深刻阐释了构建人类命运共同体的思想内涵,这其实也是中华文化传播的实现路径。因为"人类命运共同体"的重要论述植根于中华优秀传统文化,具有"和而不同""义利统一""天下大同"等丰富厚重的文化底蕴,我们更应注重中华优秀传统文化的传承和传播。同历史相比,培育和倡导人类命运共同体意识,在此基础上,更大范围地用中国话语表达中国情感、价值追求和对外立场,也是当前背景下中华文化传播的主要内容。①

在构建人类命运共同体的时代背景下,跨文化传播主客体成功并精准转化的路径,是我们中华文化走出去的新路径之一。找到这些路径并实现路径传播的效能,是顺应中国特色社会主义道路自信、理论自信、制度自信、文

---

① 宋海燕. 汉语国际推广战略下的文化认同与中华文化传播 [J]. 中州学刊, 2015 (11).

化自信建设的历史发展要求，也能够增强我们国际教育影响力。这不仅是中国对外文化服务贸易产业研究的新视野，也是中国高等教育等各方力量在增强"四个自信"的新命题。①

来华留学生群体作为中华文化传播的一大群体，对中华文化传播有着重要的意义，不应该被忽视。中华人民共和国成立后的 70 多年中，我们对来华学生的培养也经历了不同历史时期的风风雨雨。从友好国家的互派互访到改革开放后国际教育的起步，这一以青年为主体的外国群体的产生、发展和嬗变历程，是值得我们不断研究和探讨的。从这个背景看，把正在中国学习的外国留学生称为"国际学生"之时，也是我们的高等教育在全球化和国际化背景下教育自信和教育完善的结果。"国际学生"的称谓不仅在教学管理的字面上省去了诸多麻烦，也同"中国学生"或"本国留学生"区别开来。

我们在众多高校官网的导航条目中可以看到，一些高校已经将"留学生培养"变为"国际学生培养"，这不是一个简单的针对学生群体的概念切换，也不是简单的英语对译，其中前后语境的内涵和外延是值得我们不断探究的。外国人到中国学习，他们从"请进来"的近于外宾的身份，到后期的交换学生身份的转变，再到主动将中国变为留学目的国来谋求个人发展，都说明了我国高校国际教育观念的不断转变。他们之中有中国政府奖学金获得者，也有通过中文水平考试达到了设定的"门槛"和标准被录取的国际学生，从学习中文、体验文化到攻读学位，这些身份和留学动机的变化也记录了我国在国际教育中发展的轨迹。

2018 年 9 月 3 日，教育部印发《来华留学生高等教育质量规范（试行）》，该规范根据《中华人民共和国高等教育法》《中华人民共和国学位条例》等法律法规和《学院招收和培养国际学生管理办法》制定。《来华留学生高等教育质量规范（试行）》在前言中明确指出，"本规范尊重不同地区、学校之间的差异和学校的办学自主权，为学校的个性发展和办学特色提供充分空间"。由此表明，来华留学生教育可以因地制宜地保留个性并发挥特色。但是与此同时，国际学生教育的质量和规模的矛盾、管理和服务的矛盾、增长和可持续发展的矛盾也都表现了出来，这对于世界上最大的发展中国家而言无疑是巨大挑战，需要教育管理部门和高校制定出成熟的发展规划。

---

① 张利满. 汉语国际推广与中华文化传播如何落地生根［J］. 人民论坛·学术前沿，2017（13）.

　　中华文化的传播和跨文化传播是否具有全球视域，这个重要的命题已经进入了中国社会实践与理论视野中。面向来华国际学生的中华文化传播这个课题，我们没有以往的知识框架可以运用。仅就"一带一路"沿线国家和地区的青年学生来说，他们要一边学习中文，一边理解中华文化。即使是简单的知识概念和文化输入，在课堂教学中也很难把握，实践性的教学操作也让长期从事国际中文教育的文化传播者没有规律性的教学体系可遵循。此外，国际学生对中国的文化深层体会上有自己的理解和认同，但是发生的场域很有限，以至于很多国际中文教育的教师眼看着一批来了一批又走的国际学生都发出这样的慨叹："如果他们再来，我们是否可以做得更好呢？"他们中有些人的确可以有下次，有些可能是第一次来华留学，但也是最后一次。转换视角看，高等教育中的国际学生培养和国际中文教育是中华文化传播、跨文化传播中的重要一环，如果没有好好挖掘这一互动过程中的亮点实在可惜。

　　因此，这个时代成了一个中国文化建设和中华文化传播的高峰期，通过日益丰富的融媒体和自媒体，通过日益发达的通信传播，高等教育有责任让世界青年对中国的发展道路不断增加了解和认同。[①]

　　第一轮发放了专家咨询问卷 15 份，回收 14 份，专家积极系数为 93%。第二轮发放了专家咨询问卷 14 份，回收 10 份，专家积极系数为 71%，如表 3-29 所示。

表 3-29　　　　　　　　　　　专家咨询回收情况

轮数	发放份数	回收份数	有效份数	回收率	有效率	专家积极系数
第一轮	15	14	14	93%	93%	93%
第二轮	14	10	10	71%	71%	71%

注：根据专家咨询问卷回收数据整理而成。

　　根据德尔菲法，专家积极系数超过 50% 就具有可信度，可以采用。两轮的专家积极系数均超过 50%，达到 71% 及以上，说明咨询专家积极程度较高，且具有可靠性。

　　通过对第二轮回收的专家咨询问卷进行数据统计，发现大部分专家对指

---

　　① 张利满．汉语国际推广与中华文化传播如何落地生根［J］．人民论坛·学术前沿，2017 (13)．

标很熟悉或较熟悉（见表 3 - 30）。

表 3 - 30　　　　　　专家对问题的熟悉程度人数统计

熟悉程度（Cs）	人数	百分比（%）
很熟悉	5	50
较熟悉	4	40
一般熟悉	1	10
较不熟悉	0	0
很不熟悉	0	0

数据计算结果如下：

$$Cs = \frac{1 \times 5 + 0.8 \times 4 + 0.6}{10} = 0.88$$

根据专家权威程度计算公式，可得第二轮专家权威程度 Cr（见表 3 - 31）。

$$Cr = \frac{0.85 + 0.88}{2} = 0.865$$

表 3 - 31　　　　　　专家权威程度（Cr）统计

轮数	判断依据 Ca	熟悉程度 Cs	权威程度 Cr
第一轮	0.82	0.88	0.85
第二轮	0.85	0.88	0.865

注：由专家咨询问卷数据统计分析得来。

通常认为 $Cr \geq 0.70$ 为可接受水平。从结果来看，第一轮专家咨询问卷中判断依据为 0.82，第二轮中判断依据为 0.85，说明专家对指标评判理由较充分，比较可信；第一轮专家咨询问卷中熟悉程度为 0.88，第二轮熟悉程度为 0.88，说明专家对国际中文教育本土化实践能力指标具有一定了解，指标具有实践性；第一轮专家权威程度为 0.85，第二轮专家权威程度为 0.865，$Cr > 0.7$，说明咨询结果可信，同时表明在第一轮专家咨询问卷基础上再次修正、编制问卷后，第二轮问卷的专家权威程度更高，指标体系进一步完善。

2. 指标数据的量化处理

根据 SPSS 的统计结果，可得到第二轮专家咨询问卷二级指标统计分析（见表 3 - 32）。

表 3-32　　　　　　第二轮专家咨询问卷二级指标统计分析

二级指标	N	最小值	最大值	均值	标准差	变异系数
国际中文教育传播主体多样化	10	3.90	5.00	4.60	0.483	0.105
国际中文教育传播内容多元化	10	3.40	5.00	4.30	0.632	0.147
国际中文教育传播方式多维化	10	3.00	5.00	4.40	0.843	0.192

　　根据变异系数分布规律，认为当均值 >3.50、变异系数 <0.240 时指标有效且可信。在第一轮专家咨询问卷的二级指标统计数据分析中，指标均值 >3.50、变异系数 <0.240，因符合要求，均保留，此轮专家咨询问卷二级指标并未改动。由表可知，第二轮专家咨询问卷中，3 个二级指标的均值也都 >3.50、变异系数 <0.240，说明 10 个专家对 3 个二级指标认可度很高，符合要求。因此，在第一轮与第二轮的双重验证下，保留所有一级及二级指标。

　　同样将第二轮专家咨询问卷三级观测点获得的数据导入 SPSS，分析各项指标的均值、标准差和变异系数，得到三级观测点的各项统计数据（见表 3-33）。

表 3-33　　　　　　　　　三级观测点统计分析

三级观测点	N	最小值	最大值	均值	标准差	变异系数
当地国际中文教育教学机构完善	10	3.20	5.00	4.10	0.538	0.131
当地国际中文教育从业人员众多	10	3.10	5.00	4.10	0.557	0.136
当地中文学习者众多	10	4.00	5.00	4.60	0.516	0.112
当地国际中文教育内容丰富（语言、文化、HSK）	10	4.00	5.00	4.60	0.516	0.112
当地国际中文教育内容有特色（"中文+"）	10	4.40	5.00	4.70	0.453	0.096
当地国际中文教育内容注重个性化、差异化、多样化	10	3.00	5.00	4.30	0.823	0.191

三级观测点	N	最小值	最大值	均值	标准差	变异系数
国际中文教育线上开展情况（微信公众号、短视频"知识＋"等）	10	3.00	5.00	4.40	0.929	0.211
国际中文教育线下开展情况（课堂语言教学、组织课外文化活动等）	10	3.00	5.00	4.20	0.632	0.150
国际中文教育线上线下融合开展情况（国际中文教育实体机构与虚拟交流平台的相互补充与良性互动）	10	4.20	5.00	4.40	0.525	0.119

在均值＞4.00、变异系数＜0.240 的指标筛选标准下，第二轮由 10 位专家对 9 个三级指标进行评价，获取数据后进行分析，可以发现修改后的 9 项三级观测点均值＞4.00 且变异系数＜0.240，说明 10 位专家对修改后的三级观测点表示认可，三级观测点均符合要求，因而予以保留。

3. 评价指标体系的最终确定

最终的评价指标体系见表 3 - 34。

表 3 - 34　　　　　　　国际中文教育传播力评价指标体系

一级指标	二级指标	三级观测点
国际中文教育传播力	国际中文教育传播主体多样化	当地国际中文教育教学机构完善； 当地国际中文教育从业人员众多； 当地中文学习者众多
	国际中文教育传播内容多元化	当地国际中文教育内容丰富（语言、文化、HSK）； 当地国际中文教育内容有特色（"中文＋"）； 当地国际中文教育内容注重个性化、差异化、多样化
	国际中文教育传播方式多维化	国际中文教育线上开展情况（微信公众号、短视频"知识＋"等）； 国际中文教育线下开展情况（课堂语言教学、组织课外文化活动等）； 国际中文教育线上线下融合开展情况（国际中文教育实体机构与虚拟交流平台的相互补充与良性互动）

第四章

国际中文教育推广策略评估模式的实证研究

本章以从事西北非国际中文教学的国际中文教师为调查对象，根据前面章节确定的国际中文教育推广策略评估模式的指标体系进行实证分析。评价并分析西北非国际中文教育本土化、市场化、"中文＋职业技能"、传播力的发展现状，探究其存在的问题，并提出相应的策略，以期推动西北非国际中文教育发展。

一、调研设计

（一）测评问卷的设计

国际中文教育有关问卷是根据构建的西北非国际中文教育本土化发展及评估指标设计的。

问卷包括两个部分：第一部分是个人基本信息，包括性别、工作学校、工作地点、工作时长等，旨在了解从事西北非国际中文教育的国际中文教师的基本情况；第二部分是对国际中文教育本土化发展及评估指标的描述进行评价，旨在了解国际中文教育本土化发展现状。

1. 国际中文教育本土化发展的问卷设计

以李克特量表 5 点计分法为标准，形成了由 13 个题目组成的调查问卷。

2. 国际中文教育市场化发展的问卷设计

以李克特量表 5 点计分法为标准，形成了由 17 个题目组成的调查问卷。

3. 国际中文教育"中文＋职业技能"发展的问卷设计

以李克特量表 5 点计分法为标准，形成了由 15 个题目组成的调查问卷。

4. 国际中文教育传播力的问卷设计

以李克特量表 5 点计分法为标准，形成了由 9 个题目组成的调查问卷。

（二）问卷的预测试

为了确保问卷的信度和效度，在正式发放问卷前，需要先对问卷进行预测试，问卷预测试结果良好，即可正式发放问卷。本次采用线上线下相结合的方式，向 50 名从事国际中文教育的教师发放了问卷。

1. 国际中文教育本土化发展问卷的预测试

回收有效问卷 47 份，回收率为 94%。问卷回收后，结合问卷收集的数据，利用 SPSS 26.0 分析软件，计算出一致性系数为 0.892。该一致性系数大于规范要求的 0.7，说明该问卷内部一致性良好，可以正式发放。

国际中文教育本土化发展因子可靠性统计如表 4 - 1 所示。

表 4 - 1　　　　　国际中文教育本土化发展因子可靠性统计

克隆巴赫系数	项数
0.892	13

对国际中文教育本土化发展预测试问卷收集到的数据进行因子分析，发现指标中的每一项观测变量的因子载荷都在 0.5 以上，说明各项指标良好，问题具有针对性，故可以正式发放问卷。

国际中文教育本土化发展观测变量的因子载荷判断标准如表 4 - 2 所示。

表 4 - 2　　　　国际中文教育本土化发展观测变量的因子载荷判断标准

因子载荷	>0.5	0.45 ~ 0.5	<0.45
效度	可接受	一般	不好

2. 国际中文教育市场化发展问卷的预测试

回收有效问卷 46 份，回收率为 92%。问卷回收后，结合问卷收集的数据，利用 SPSS 26.0 分析软件，计算出一致性系数为 0.873。该一致性系数大于规范要求的 0.7，说明该问卷内部一致性良好，可以正式发放。

国际中文教育市场化发展因子可靠性统计如表 4 - 3 所示。

表 4 - 3　　　　　国际中文教育市场化发展因子可靠性统计

克隆巴赫系数	项数
0.873	17

国际中文教育市场化发展观测变量的因子载荷判断标准见表 4 - 4。

表 4 - 4 　　　　国际中文教育市场化发展观测变量的因子载荷判断标准

因子载荷	>0.5	0.45 ~ 0.5	<0.45
效度	可接受	一般	不好

3. 国际中文教育"中文 + 职业技能"发展问卷的预测试

回收有效问卷 48 份，回收率为 96%。问卷回收后，结合问卷收集的数据，利用 SPSS 26.0 分析软件，计算出一致性系数为 0.879。该一致性系数大于规范要求的 0.7，说明该问卷内部一致性良好，可以正式发放。

国际中文教育"中文 + 职业技能"发展因子可靠性统计如表 4 - 5 所示。

表 4 - 5 　　　国际中文教育"中文 + 职业技能"发展因子可靠性统计

克隆巴赫系数	项数
0.879	15

国际中文教育"中文 + 职业技能"发展观测变量的因子载荷判断标准见表 4 - 6。

表 4 - 6 　　　国际中文教育"中文 + 职业技能"发展观测变量的
因子载荷判断标准

因子载荷	>0.5	0.45 ~ 0.5	<0.45
效度	可接受	一般	不好

4. 国际中文教育传播力问卷的预测试

回收有效问卷 49 份，回收率为 98%。问卷回收后，结合问卷收集的数据，利用 SPSS 26.0 分析软件，计算出一致性系数为 0.833。该一致性系数大于规范要求的 0.7，说明该问卷内部一致性良好，可以正式发放。

国际中文教育传播力因子可靠性统计如表 4 - 7 所示。

表 4 - 7 　　　　　国际中文教育传播力因子可靠性统计

克隆巴赫系数	项数
0.833	9

国际中文教育传播力观测变量的因子载荷判断标准见表 4 - 8。

表 4 - 8　　　　　国际中文教育传播力观测变量的因子载荷判断标准

因子载荷	> 0.5	0.45 ~ 0.5	< 0.45
效度	可接受	一般	不好

（三）问卷的发放与回收

这里的调查对象是从事西北非国际中文教育的国际中文教师，包括西北非本土教师、公派教师、志愿者教师等。这些教师是从事西北非国际中文教育的一线教师，具有代表性，因此，适合以他们为调查对象发放问卷，进行相关研究。

考虑到实际情况，本次问卷主要是借助问卷星进行数据的收集与统计，在老师和同学的支持下发放了大量的线上问卷，最终总计回收 335 份，其中，无效问卷 9 份，有效问卷回收率为 97.3%。

二、实证分析

（一）基本信息分析统计

回收的有效问卷中，女教师 225 人，占比 69%，男教师 101 人，占比 31%，女教师人数多于男教师人数，见图 4 - 1。这里从事西北非国际中文教育的大部分为公派教师和志愿者教师，多为教育类或语言类专业的学生或教师，而国内教育类或语言类专业的学生和教师女性居多，这可能也是本问卷性别结构差异较大的原因之一。

如图 4 - 2 所示，调研对象中，有 67 人在摩洛哥，占比约 21%；有 76 人在毛里塔尼亚，占比约 23%；有 55 人在阿尔及利亚，占比约 17%；有 59 人在几内亚，占比约 18%；有 69 人在埃及，占比约 21%。

如图 4 - 3 所示，工作一年的教师人数为 56 人，占比约 17%；工作两年的教师为 102 人，占比约 31%；工作两年以上的教师为 168 人，占比约 52%。

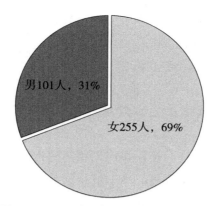

图 4-1　国际中文教育调研对象性别分布

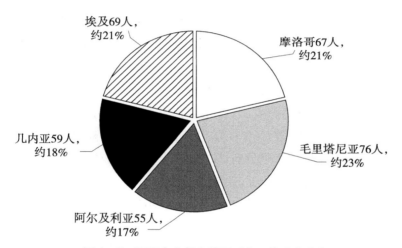

图 4-2　国际中文教育调研对象工作地点分布

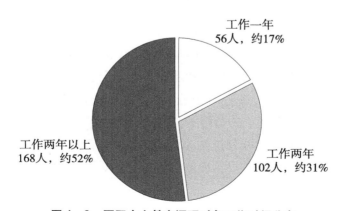

图 4-3　国际中文教育调研对象工作时间分布

从图中可以看出，大部分从事国际中文教育教师工作时间都比较长，工作时间两年及两年以上的占比约 83%，工作时间越长，对当地的情况就越了解，因此，选取这些教师作为调查样本，具有代表性。

（二）评价指标数据信度、效度分析

信度是指问卷的可靠性，是指在使用相同的指标或测量工具进行重复测试时得到相同结果的一致性程度。本书使用的是克隆巴赫系数的信度检验方法，即调查问卷各维度的内部一致性系数在 0.7 以上就说明该调查问卷的信度较好。

效度是指问卷的有效性，是用来衡量综合评价体系能否准确反映评价目的和要求的，即测量工具能够测出其所要测量的特征的正确程度。效度越高，表示测量结果越能显示其特征。较为常见的有内容效度和结构效度。

内容效度又可以称为表面效度或逻辑效度，它是指所设计的题目是否能代表所要测量的内容。国际中文教育本土化发展及评估、国际中文教育市场化发展及评估、国际中文教育"中文 + 职业技能"发展及评估、国际中文教育传播力及评估指标是在文献分析法、行为事件访谈法以及专家咨询与调查的基础上构建的，因此，保证了内容效度。

结构效度是指测量结果的某种结构与测量值之间的对应程度，通常采用因子分析法进行分析。

本书运用 SPSS 26.0 分析软件，对国际中文教育相关问卷的整体信度、效度进行检验。

本书采用探索性因子分析法检验前文构建的国际中文教育本土化发展及评估体系，具体来说，采用 KMO 和 Bartlett 球形检验方法。KMO 值越接近 1，表示变量间的公共因子越多、相关性越强，越适合进行因子分析；KMO 值越接近 0，则表示越不适合进行因子分析。根据 Kaiser 提出的判定标准，当 KMO 值 >0.9 时，非常适合进行因子分析。

我们采用常用的主成分分析法提取公共因子，即把多个指标分解成数量较少的综合性指标。为了获得精确的结果，我们提取初始特征值大于 1 的公共因子。

1. 国际中文教育本土化发展

结果显示，克隆巴赫系数为 0.929，说明该问卷的整体信度良好，各问题设置合理且可信度高，可以进一步对其进行分析。

国际中文教育本土化发展问卷可靠性统计见表 4-9。

表 4-9　　　　　国际中文教育本土化发展问卷可靠性统计

克隆巴赫系数	项数
0.929	13

经检验，该样本数据 KMO 值 = 0.922 > 0.9，适合进行因子分析（见表 4-10）。

表 4-10　　国际中文教育本土化发展问卷 KMO 和 Bartlett 球形检验

KMO 取样适切性量数		0.922
Bartlett 球形检验	近似卡方	3262.326
	自由度	435
	显著性	0.000

注：由 SPSS 26.0 数据分析得来。

经提取，初始特征值大于 1 的公共因子共有 7 个，累计贡献率为 90.960%，大于 60%（见表 4-11），所以认为此量表效度良好。对因子进行最大载荷旋转，进而确定不同变量的因子归属（见表 4-12）。

表 4-11　　　　　国际中文教育本土化发展问卷总方差解释

初始特征值			提取载荷平方和			旋转载荷平方和		
总计	方差百分比	累计贡献率（%）	总计	方差百分比	累计贡献率（%）	总计	方差百分比	累计贡献率（%）
10.013	35.761	35.761	10.013	35.761	35.761	6.661	23.790	23.790
5.743	20.511	56.272	5.743	20.511	56.272	4.690	16.750	40.540
2.844	10.158	66.430	2.844	10.158	66.430	3.980	14.216	54.756
2.344	8.377	74.807	2.344	8.377	74.807	3.232	11.542	66.298

续　表

初始特征值			提取载荷平方和			旋转载荷平方和		
总计	方差百分比	累计贡献率（%）	总计	方差百分比	累计贡献率（%）	总计	方差百分比	累计贡献率（%）
2.030	7.249	82.056	2.030	7.249	82.056	2.659	9.496	75.794
1.415	5.052	87.108	1.415	5.052	87.108	2.322	8.292	84.086
1.079	3.852	90.960	1.079	3.852	90.960	1.914	6.834	90.920

注：提取方法为主成分分析法。

表 4 - 12　　　　国际中文教育本土化发展问卷旋转后的成分矩阵

问卷编号	成分						
	1	2	3	4	5	6	7
Q1	0.877						
Q24	0.843						
Q27	0.778						
Q4	0.700						
Q16	0.691						
Q8	0.658						
Q14	0.578						
Q19		0.863					
Q18		0.859					
Q26		0.740					
Q13		0.738					
Q7		0.702					
Q28			0.899				
Q22			0.809				
Q10			0.798				
Q20			0.610				
Q3				0.854			
Q12				0.721			
Q2				0.608			

续　表

问卷编号	成分						
	1	2	3	4	5	6	7
Q9				0.535			
Q23					0.822		
Q25					0.655		
Q21					0.583		
Q5						0.790	
Q6						0.661	
Q11						0.601	
Q17							0.844
Q15							0.575

注：提取方法为主成分分析法，旋转方法为凯撒正态化最大方差法。

2. 国际中文教育市场化发展

结果显示，克隆巴赫系数为 0.908（见表 4 - 13），说明该问卷的整体信度良好，各问题设置合理且可信度高，可以进一步对其进行分析。

表 4 - 13　　　　　国际中文教育市场化发展问卷可靠性统计

克隆巴赫系数	项数
0.908	17

经检验，该样本数据 KMO 值 = 0.935 > 0.9，适合进行因子分析（见表 4 - 14）。

表 4 - 14　　国际中文教育市场化发展问卷 KMO 和 Bartlett 球形检验

KMO 取样适切性量数		0.935
Bartlett 球形检验	近似卡方	3262. 326
	自由度	435
	显著性	0.000

注：由 SPSS 26.0 数据分析得来。

经提取，初始特征值大于 1 的公共因子共有 7 个，累计贡献率为

93.360%，大于 60%（见表 4 - 15），所以认为此量表效度良好。对因子进行最大载荷旋转，进而确定不同变量的因子归属（见表 4 - 16）。

表 4 - 15　　　　国际中文教育市场化发展问卷总方差解释

初始特征值			提取载荷平方和			旋转载荷平方和		
总计	方差百分比	累计贡献率（%）	总计	方差百分比	累计贡献率（%）	总计	方差百分比	累计贡献率（%）
10.053	36.261	36.261	10.213	34.961	34.961	6.781	24.012	24.012
5.743	21.511	57.772	5.843	21.311	56.272	4.770	17.350	41.362
2.844	11.158	68.930	2.955	11.158	67.430	4.130	15.216	56.578
2.344	8.477	77.407	2.533	8.577	76.007	3.632	12.542	69.120
2.030	6.949	84.356	2.330	6.249	82.256	2.759	9.596	78.716
1.415	5.252	89.608	1.515	5.252	87.508	2.522	8.392	87.108
1.079	3.752	93.360	1.279	3.952	91.460	1.814	6.934	94.042

注：提取方法为主成分分析法。

表 4 - 16　　　　国际中文教育市场化发展问卷旋转后的成分矩阵

问卷编号	成分						
	1	2	3	4	5	6	7
Q1	0.887						
Q24	0.793						
Q27	0.798						
Q4	0.690						
Q16	0.711						
Q8	0.678						
Q14	0.598						
Q19		0.883					
Q18		0.869					
Q26		0.750					
Q13		0.768					

续　表

问卷编号	成分						
	1	2	3	4	5	6	7
Q7		0.732					
Q28			0.903				
Q22			0.856				
Q10			0.813				
Q20			0.617				
Q3				0.863			
Q12				0.733			
Q2				0.622			
Q9				0.541			
Q23					0.832		
Q25					0.755		
Q21					0.563		
Q5						0.810	
Q6						0.691	
Q11						0.631	
Q17							0.854
Q15							0.615

注：提取方法为主成分分析法，旋转方法为凯撒正态化最大方差法。

3. 国际中文教育"中文＋职业技能"发展

结果显示，克隆巴赫系数为 0.906（见表 4 - 17），说明该问卷的整体信度良好，各问题设置合理且可信度高，可以进一步对其进行分析。

表 4 - 17　　国际中文教育"中文＋职业技能"发展问卷可靠性统计

克隆巴赫系数	项数
0.906	15

经检验，该样本数据 KMO 值 ＝0.903 ＞0.9，适合进行因子分析。

表 4 - 18　国际中文教育"中文 + 职业技能"发展问卷 KMO 和 Bartlett 球形检验

KMO 取样适切性量数		0.903
Bartlett 球形检验	近似卡方	3361.326
	自由度	437
	显著性	0.000

注：由 SPSS 26.0 数据分析得来。

经提取，初始特征值大于 1 的公共因子共有 7 个，累计贡献率为 88.160%，大于 60%（见表 4 - 19），所以认为此量表效度良好。对因子进行最大载荷旋转，进而确定不同变量的因子归属（见表 4 - 20）。

表 4 - 19　　国际中文教育"中文 + 职业技能"发展问卷总方差解释

初始特征值			提取载荷平方和			旋转载荷平方和		
总计	方差百分比	累计贡献率（%）	总计	方差百分比	累计贡献率（%）	总计	方差百分比	累计贡献率（%）
9.013	34.761	36.761	10.053	36.761	36.761	6.761	22.790	22.790
5.643	19.511	54.272	4.743	19.511	56.272	3.990	15.750	38.540
3.844	9.158	63.430	2.544	9.958	66.230	3.280	13.216	51.756
1.955	8.177	71.607	2.544	8.977	75.207	3.532	10.542	62.298
2.230	7.349	78.956	2.030	8.249	83.456	2.859	9.196	71.494
1.315	5.252	84.208	1.515	5.352	88.808	2.522	8.392	79.886
1.179	3.952	88.160	1.279	3.652	92.460	1.714	6.734	86.620

注：提取方法为主成分分析法。

表 4 - 20　　国际中文教育"中文 + 职业技能"发展问卷旋转后的成分矩阵

问卷编号	成分						
	1	2	3	4	5	6	7
Q1	0.787						
Q24	0.733						
Q27	0.678						
Q4	0.800						

问卷编号	成分						
	1	2	3	4	5	6	7
Q16	0.791						
Q8	0.558						
Q14	0.598						
Q19		0.873					
Q18		0.899					
Q26		0.750					
Q13		0.758					
Q7		0.712					
Q28			0.879				
Q22			0.829				
Q10			0.778				
Q20			0.630				
Q3				0.834			
Q12				0.731			
Q2				0.628			
Q9				0.555			
Q23					0.832		
Q25					0.625		
Q21					0.593		
Q5						0.810	
Q6						0.671	
Q11						0.621	
Q17							0.833
Q15							0.612

注：提取方法为主成分分析法，旋转方法为凯撒正态化最大方差法。

4. 国际中文教育传播力

结果显示，克隆巴赫系数为 0.921（见表 4 − 21），说明该问卷的整体信度良好，各问题设置合理且可信度高，可进一步对其进行分析。

表4-21　　　　　　　国际中文教育传播力问卷可靠性统计

克隆巴赫系数	项数
0.921	9

经检验，该样本数据 KMO 值 = 0.913 > 0.9，适合进行因子分析。

表4-22　　　　　国际中文教育传播力问卷 KMO 和 Bartlett 球形检验

KMO 取样适切性量数		0.913
Bartlett 球形检验	近似卡方	3192.926
	自由度	426
	显著性	0.000

注：由 SPSS 26.0 数据分析得来。

经提取，初始特征值大于 1 的公共因子共有 7 个，累计贡献率为 93.580%，大于 60%（见表4-23），所以认为此量表效度良好。对因子进行最大载荷旋转，进而确定不同变量的因子归属（见表4-24）。

表4-23　　　　　　国际中文教育传播力问卷总方差解释

初始特征值			提取载荷平方和			旋转载荷平方和		
总计	方差百分比	累计贡献率（%）	总计	方差百分比	累计贡献率（%）	总计	方差百分比	累计贡献率（%）
9.913	35.661	35.661	10.213	36.761	36.761	6.691	24.290	24.290
6.143	22.511	58.172	5.943	22.511	59.272	4.290	17.750	42.040
2.944	10.358	68.530	2.944	10.558	69.830	4.103	14.716	56.756
2.544	8.397	76.927	2.544	8.577	78.407	3.432	11.742	68.498
2.230	7.449	84.376	2.230	7.449	85.856	2.859	9.696	78.194
1.615	5.252	89.628	1.615	5.252	91.108	2.522	8.492	86.686
1.279	3.952	93.580	1.279	3.652	94.760	1.714	6.634	93.320

注：提取方法为主成分分析法。

表4-24　　　　　国际中文教育传播力问卷旋转后的成分矩阵

问卷编号	成分						
	1	2	3	4	5	6	7
Q1	0.857						
Q24	0.823						
Q27	0.758						
Q4	0.720						
Q16	0.671						
Q8	0.638						
Q14	0.558						
Q19		0.843					
Q18		0.839					
Q26		0.720					
Q13		0.724					
Q7		0.712					
Q28			0.879				
Q22			0.829				
Q10			0.778				
Q20			0.630				
Q3				0.834			
Q12				0.741			
Q2				0.648			
Q9				0.555			
Q23					0.832		
Q25					0.645		
Q21					0.573		
Q5						0.720	
Q6						0.651	
Q11						0.621	
Q17							0.824
Q15							0.565

注：提取方法为主成分分析法，旋转方法为凯撒正态化最大方差法。

(三) 测评问卷的数据分析

1. 国际中文教育本土化发展的数据分析

由上述分析可知，13 个变量都可以用提取的 3 个公共因子表示，并且归纳于国际中文教育本土化发展的 3 个纬度正是构建的评价指标体系的 3 个二级指标，如表 4 - 25 所示。

表 4 -25　　　　国际中文教育本土化发展公共因子及对应的问卷编号

序号	公共因子	问卷编号
1	中文教育政策本土化发展	Q1、Q2、Q3、Q4、Q5
2	中文师资本土化发展	Q6、Q7、Q8、Q9
3	中文教学资源本土化发展	Q10、Q11、Q12、Q13

笔者根据先前构建的三级指标，针对每个三级观测点都设置了题目，通过软件分析，可将其得分加权归为每个指标所获的分值，如表 4 - 26 所示。

表 4 -26　　　　国际中文教育本土化发展评价指标得分统计

二级指标	三级观测点	平均分
中文教育政策本土化发展	通过法律形式将中文教育纳入本国教育体系	3.90
	为各级各类本国学校编制中文教学大纲	3.67
	将中文列为本国国家考试的外语科目之一	3.52
	在本国大中小学开设中文选修课程	3.47
中文师资本土化发展	中文师资的招聘本土化	3.02
	中文本土师资培养体系的完善	3.55
	中文本土师资的晋升渠道畅通	2.79
中文教学资源本土化发展	中文课程本土化程度	3.73
	中文教材本土化程度	2.83
	中文数字应用本土化程度	2.93

注：由 SPSS 26.0 分析而来。

根据前文关于国际中文教育本土化发展及评估指标的综合权重，综合上述国际中文教育本土化发展指标平均值，可以计算出国际中文教育本土化发展及评估综合得分（见表4-27）。

表4-27　　　　　　　　国际中文教育本土化发展及评估综合得分

二级指标	三级观测点	平均分	综合权重	最终得分
中文教育政策本土化发展	通过法律形式将中文教育纳入本国教育体系	3.90	0.086	0.335
	为各级各类本国学校编制中文教学大纲	3.67	0.031	0.114
	将中文列为本国国家考试的外语科目之一	3.52	0.023	0.081
	在本国大中小学开设中文选修课程	3.47	0.023	0.080
中文教育政策本土化发展得分：0.610				
中文师资本土化发展	中文师资的招聘本土化	3.02	0.078	0.236
	中文本土师资培养体系的完善	3.55	0.113	0.401
	中文本土师资的晋升渠道畅通	2.79	0.054	0.151
中文师资本土化发展得分：0.788				
中文教学资源本土化发展	中文课程本土化程度	3.73	0.086	0.321
	中文教材本土化程度	2.83	0.031	0.088
	中文数字应用本土化程度	2.93	0.023	0.067
中文教学资源本土化发展得分：0.476				

总体上来看，国际中文教育本土化发展还可以。但是，进一步观察细节，还是发现国际中文教育本土化发展存在不均衡的现象。从国际中文教育本土化发展的数据分析中可以看出，平均分在3.5分以上的有：通过法律形式将中文教育纳入本国教育体系、为各级各类本国学校编制中文教学大纲、将中文列为本国国家考试的外语科目之一、中文本土师资培养体系的完善、中文课程本土化程度这5个指标，而平均分在3分以下的有中文数字应用本土化程度、中文教材本土化程度、中文本土师资的晋升渠道畅通这3个指标。

同时，中文教育政策本土化发展、中文师资本土化发展、中文教学资源本土化发展的最终得分分别为0.610、0.788、0.476。由此可见，国际中文教育本土化发展政策和师资体系比较完善，但中文教学资源较为匮乏，尤其是中文教材本土化程度方面。

2. 国际中文教育市场化发展数据分析

由上述分析可知，17 个变量都可以用提取的 4 个公共因子表示，并且归纳于国际中文教育市场化发展的 4 个纬度正是构建评价指标体系的 4 个二级指标，如表 4 - 28 所示。

表 4 -28　　　国际中文教育市场化发展公共因子及对应的问卷编号

序号	公共因子	问卷编号
1	明确了解当地中文学习者的实际需求	Q1、Q2、Q3、Q4
2	研发并运营本地化的线上国际中文教育平台	Q5、Q6、Q7、Q8、Q9
3	根据当地特色打造国际中文教育品牌	Q10、Q11、Q12、Q13
4	融入当地社区发展的程度	Q14、Q15、Q16、Q17

笔者根据先前构建的三级指标，针对每个三级观测点都设置了题目，通过软件分析，可将其得分加权归为每个指标所获的分值，如表 4 - 29 所示。

表 4 -29　　　国际中文教育市场化发展评价指标得分统计

二级指标	三级观测点	平均分
明确了解当地中文学习者的实际需求	满足当地中文学习者的求职需求	3.79
	满足当地中文学习者的日常语言交际需求	2.67
	满足当地中文学习者的个人兴趣爱好	3.52
	当地中文学习者的国家考试需求	3.57
研发并运营本地化的线上国际中文教育平台	研发并运营在线直播教学平台	3.82
	研发并运营网络课程录播平台	3.45
	研发并运营直播与录播相结合的教学平台	3.51
	研发并运营其他电子资源	2.78
根据当地特色打造国际中文教育品牌	开设具有当地特色的中文课程	3.83
	打造具有当地特色的中文教材	3.01
	结合当地特色开展中国文化活动	3.53

续 表

二级指标	三级观测点	平均分
融入当地社区发展的程度	针对当地社区中文学习者类型提供社区服务	3.92
	完善当地社区的中文学习设施	3.11
	利用当地中外合作企业的资源来建设社区中文学习设施	2.72

注: 由 SPSS 26.0 分析而来。

根据前文关于国际中文教育市场化发展及评估指标综合权重, 综合上述国际中文教育市场化发展指标平均值, 可以计算出国际中文教育市场化及评估的综合得分(见表4-30)。

表4-30　　　　国际中文教育市场化发展及评估综合得分

二级指标	三级观测点	平均分	综合权重	最终得分
明确了解当地中文学习者的实际需求	满足当地中文学习者的求职需求	3.79	0.086	0.326
	满足当地中文学习者的日常语言交际需求	2.67	0.031	0.083
	满足当地中文学习者的个人兴趣爱好	3.52	0.023	0.081
	当地中文学习者的国家考试需求	3.57	0.023	0.082
	明确了解当地中文学习者的实际需求得分: 0.572			
研发并运营本地化的线上国际中文教育平台	研发并运营在线直播教学平台	3.82	0.078	0.298
	研发并运营网络课程录播平台	3.45	0.113	0.390
	研发并运营直播与录播相结合的教学平台	3.51	0.054	0.189
	研发并运营其他电子资源	2.78	0.026	0.072
	研发并运营本地化的线上国际中文教育平台得分: 0.949			
根据当地特色打造中文教育品牌	开设具有当地特色的中文课程	3.83	0.099	0.379
	打造具有当地特色的中文教材	3.01	0.033	0.099
	结合当地特色开展中国文化活动	3.53	0.033	0.116
	根据当地特色打造中文教育品牌得分: 0.594			

二级指标	三级观测点	平均分	综合权重	最终得分
融入当地社区发展的程度	针对当地社区中文学习者类型提供社区服务	3.92	0.066	0.259
	完善当地社区的中文学习设施	3.11	0.030	0.093
	利用当地中外合作企业的资源来建设社区中文学习设施	2.72	0.028	0.076
融入当地社区发展的程度得分：0.428				

　　总体上来看，国际中文教育市场化发展还可以。但是，进一步观察细节，还是存在国际中文教育市场化发展不均衡的现象。由国际中文教育市场化发展数据分析可以看出，平均分在3.5分以上的有满足当地中文学习者的求职需求、满足当地中文学习者的个人兴趣爱好、当地中文学习者的国家考试需求、研发并运营在线直播教学平台、研发并运营直播与录播相结合的教学平台、开设具有当地特色的中文课程、结合当地特色开展中国文化活动、针对当地社区中文学习者类型提供社区服务这几个指标，而平均分在3分以下的有满足当地中文学习者的日常语言交际需求、研发并运营其他电子资源、利用当地中外合作企业的资源来建设社区中文学习设施这3个指标。

　　同时，明确了解当地中文学习者的实际需求、研发并运营本地化的线上国际中文教育平台、根据当地特色打造中文教育品牌、融入当地社区发展的程度的最终得分依次为0.572、0.949、0.594、0.428。可见，国际中文教育市场化发展基本能够满足当地中文学习者的实际需求，也能够研发并运营本地化的线上国际中文教育平台，还能根据当地特色打造中文教育品牌。但是，融入当地社区发展的程度较低。

3. 国际中文教育"中文＋职业技能"发展数据分析

　　由上述分析可知，15个变量都可以用提取的3个公共因子表示，并且归纳于国际中文教育"中文＋职业技能"发展的3个纬度正是构建评价指标体系的3个二级指标，如表4-31所示。

表4-31　　国际中文教育"中文+职业技能"发展公共因子及对应的问卷编号

序号	公共因子	问卷编号
1	开设"中文+"相关课程	Q1、Q2、Q3、Q4
2	结合中文和当地语言建设语言与职业教育学院	Q5、Q6、Q7、Q8、Q9、Q10、Q11
3	完善"中文+职业技能"师资培训体系	Q12、Q13、Q14、Q15

笔者根据先前构建的三级指标,针对每个三级观测点都设置了题目,通过软件分析,可将其得分加权归为每个指标所获的分值,如表4-32所示。

表4-32　　国际中文教育"中文+职业技能"发展评价指标得分统计

二级指标	三级观测点	平均分
开设"中文+"相关课程	中文+中国文化结合程度	3.69
	中文+学科专业结合程度	3.67
	中文+职业技术培训结合程度	3.42
结合中文和当地语言建设语言与职业教育学院	培养专业师资情况	3.32
	开发教学资源情况	3.45
	推广考试认证情况	3.41
	"1+X"证书试点情况	2.78
	建设实训基地情况	2.57
	促进学生就业情况	3.73
完善"中文+职业技能"师资培训体系	复合型师资培训开展情况	2.83
	培养职业技能专业教师的中文教学能力情况	3.01
	认证职业技能专业教师的中文教学能力情况	3.53
	推动职业技能专业教师考取国际中文教师资格证情况	2.78

注:由SPSS 26.0分析而来。

根据前文关于国际中文教育"中文+职业技能"发展及评估指标综合权重,综合上述国际中文教育"中文+职业技能"发展指标平均值,可以计算出国际中文教育"中文+职业技能"发展及评估的综合得分(见表4-33)。

表4-33　　　　国际中文教育"中文+职业技能"发展及评估综合得分

二级指标	三级观测点	平均分	综合权重	最终得分
开设"中文+"相关课程	中文+中国文化结合程度	3.69	0.086	0.317
	中文+学科专业结合程度	3.67	0.031	0.114
	中文+职业技术培训结合程度	3.42	0.023	0.079
	开设"中文+"相关课程得分：0.510			
结合中文和当地语言建设语言与职业教育学院	培养专业师资情况	3.32	0.078	0.259
	开发教学资源情况	3.45	0.113	0.390
	推广考试认证情况	3.41	0.054	0.184
	"1+X"证书试点情况	2.78	0.026	0.072
	建设实训基地情况	2.57	0.046	0.118
	促进学生就业情况	3.73	0.035	0.131
	结合中文和当地语言建设语言与职业教育学院得分：1.154			
完善"中文+职业技能"师资培训体系	复合型师资培训开展情况	2.83	0.099	0.280
	培养职业技能专业教师的中文教学能力情况	3.01	0.043	0.129
	认证职业技能专业教师的中文教学能力情况	3.53	0.033	0.116
	推动职业技能专业教师考取国际中文教师资格证情况	2.78	0.069	0.192
	完善"中文+职业技能"师资培训体系得分：0.717			

总体上来看，国际中文教育"中文+职业技能"发展并不乐观。进一步观察细节，可以发现国际中文教育"中文+职业技能"发展存在不均衡的现象。在国际中文教育"中文+职业技能"发展及评估数据分析中，可以看出，平均分在3.5分以上的有中文+中国文化结合程度、中文+学科专业结合程度、促进学生就业情况、认证职业技能专业教师的中文教学能力情况这4个指标，而平均分在3分以下的有"1+X"证书试点情况、建设实训基地情况、复合型师资培训开展情况、推动职业技能专业教师考取国际中文教师资格证情况这4个指标。

同时，开设"中文+"相关课程、结合中文和当地语言建设语言与职业教育学院、完善"中文+职业技能"师资培训体系的最终得分分别为0.510、

1.154、0.717。可见，结合中文和当地语言建设语言与职业教育学院的情况较好，但开设的"中文＋"相关课程较为简单。

4. 国际中文教育传播力数据分析

由上述分析可知，9 个变量都可以用提取的 3 个公共因子表示，并且归纳于国际中文教育传播力的 3 个纬度正是构建评价指标体系的 3 个二级指标，如表 4 - 34 所示。

表 4 -34　　　　国际中文教育传播力公共因子及对应的问卷编号

序号	公共因子	问卷编号
1	国际中文教育传播主体多样化	Q1、Q2、Q3
2	国际中文教育传播内容多元化	Q4、Q5、Q6
3	国际中文教育传播方式多维化	Q7、Q8、Q9

笔者根据先前构建的三级指标，针对每个三级观测点都设置了题目，通过软件分析，将其得分加权归为每个指标所获的分值，如表 4 -35 所示。

表 4 -35　　　　国际中文教育传播力评价指标得分统计

二级指标	三级观测点	平均分
国际中文教育传播主体多样化	当地国际中文教育教学机构完善	2.90
	当地国际中文教育从业人员众多	3.47
	当地中文学习者众多	3.52
国际中文教育传播内容多元化	当地国际中文教育内容丰富	3.82
	当地国际中文教育内容有特色	3.55
	当地国际中文教育内容注重个性化、差异化、多样化	2.51
国际中文教育传播方式多维化	国际中文教育线上开展情况	3.09
	国际中文教育线下开展情况	3.71
	国际中文教育线上线下融合开展情况	2.98

注：由 SPSS 26.0 分析而来。

根据前文关于国际中文教育传播力及评估指标综合权重表，综合上述国际中文教育传播力指标平均值，可以计算出国际中文教育传播力及评估的综合得分（见表4-36）。

表4-36 国际中文教育传播力及评估综合得分

二级指标	三级观测点	平均分	综合权重	最终得分
国际中文教育传播主体多样化	当地国际中文教育教学机构完善	2.90	0.086	0.250
	当地国际中文教育从业人员众多	3.47	0.031	0.108
	当地中文学习者众多	3.52	0.023	0.081
	国际中文教育传播主体多样化得分：0.439			
国际中文教育传播内容多元化	当地国际中文教育内容丰富	3.82	0.078	0.298
	当地国际中文教育内容有特色	3.55	0.113	0.401
	当地国际中文教育内容注重个性化、差异化、多样化	2.51	0.054	0.135
	国际中文教育传播内容多元化得分：0.834			
国际中文教育传播方式多维化	国际中文教育线上开展情况	3.09	0.073	0.226
	国际中文教育线下开展情况	3.71	0.078	0.289
	国际中文教育线上线下融合开展情况	2.98	0.061	0.182
	国际中文教育传播方式多维化得分：0.697			

总体上来看，国际中文教育传播力还可以。但是，进一步观察细节，还是存在国际中文教育传播力不均衡的现象。在国际中文教育传播力数据分析中，可以看出，平均分在3.5分以上的有当地中文学习者众多、当地国际中文教育内容丰富、当地国际中文教育内容有特色、国际中文教育线下开展情况这4个指标；而平均分在3分以下的有当地国际中文教育教学机构完善，当地国际中文教育内容注重个性化、差异化、多样化，国际中文教育线上线下融合开展情况这3个指标。

同时，国际中文教育传播主体多样化、国际中文教育传播内容多元化、国际中文教育传播方式多维化的最终得分依次为0.439、0.834、0.697。可见，国际中文教育传播主体较少，同时可以看出，传播的中文内容丰富、有特色。

三、问题与成因

(一) 国际中文教育本土化发展的问题与成因

1. 国际中文教育本土化发展的问题

(1) 中文教材本土化程度低

由问卷数据分析可以看到,国际中文教育本土化发展及评估中,作为二级指标的"中文教学资源本土化发展"的得分为 0.476,其下三级观测点"中文课程本土化程度"的平均分是 3.73,最终得分是 0.321。单独看"中文课程本土化程度"这一观测点,在西北非国家得到了一定的重视,但是考虑到其他两项三级观测点,可见西北非国家中文教学资源本土化程度比较低,尤其是中文教材本土化程度。

本土化的中文教材是根据当地的实际情况如当地的通用语言、文化背景等情况编写的。考虑到英语是国际通用语言,因此目前大部分的中文教学通用教材大多是采用中英对照的模式编写的。但是对于一些母语非中文也非英语的学习者来说,使用中英对照的中文教材有一定的难度。西北非国家的通用语言有法语、阿拉伯语以及葡萄牙语等,如果能够根据当地的通用语言来编写中文教材,学习者在学习中文时也比较容易。可以看出,相对于非本土化的中文教学通用教材,本土化教材更能照顾到学习者的语言差异和文化差异。因此,在国际中文教育中,中文教材的本土化发展对当地的中文教学有着十分重要的作用。目前西北非地区的中文学习者逐渐增多,但是本土化的中文教材十分稀缺,甚至有些地区没有本土化教材,这样的情况不利于中文教育的发展。

(2) 本土中文师资短缺且晋升渠道不畅通

由问卷数据分析可以看到,二级指标"中文师资本土化发展"的得分为 0.788,其下三级观测点"中文师资的招聘本土化"和"中文本土师资的晋升渠道畅通"的平均分分别是 3.02 和 2.79,最终得分是 0.236 和 0.151。由此可以看出,西北非地区本土中文师资短缺,本土教师的晋升渠道不畅通。

本土中文教师要经过严格的中文培训,才能被选派到中文教学机构任教。相对于非本土的中文教师,本土中文教师对于当地的情况更加熟悉,在文化认同方面与学习者的差异较小，教学时语言障碍也比较小，且在教学时长上也比较稳定，因此选派一定数量的本土中文教师有利于当地的中文教学。由问卷数据可以看出，西北非地区缺乏本土中文教师，中文教师主要由中国的公派教师和志愿者教师组成，而志愿者教师的任期一般在2~3年，教学时长不稳定。因此，实现中文教师招聘的本土化是很有必要的。本土中文师资的晋升渠道畅通与否，在一定程度上决定了本土教师是否愿意从事中文教学。从问卷中还可以看出，西北非地区本土中文师资晋升渠道不够畅通，缺乏系统的本土中文师资晋升体系，这可能也是导致中文师资的招聘本土化程度低的原因之一。

（3）中文数字应用本土化程度低

由问卷数据分析可知，二级指标"中文教学资源本土化发展"的得分为0.476，其下三级观测点"中文数字应用本土化程度"的平均分是2.93，最终得分是0.067。由上述数据可以看出，西北非地区的中文数字应用本土化程度低。

在国际中文教育本土化发展中，经过专家、学者的研究和实践，建立了一定数量的动态中文语料库，中文教学逐渐数字化。同时，数字科技在现代社会的作用日益凸显，因此实现中文数字化应用是紧跟时代潮流的表现。本书的问卷调查显示，在西北非地区，中文数字应用本土化程度低，这意味着西北非地区的教学大多采用传统的教学形式，教学手段落后。教学手段对教学效果有很大的影响，良好教学手段的使用能够让中文教学达到更好的教学效果。中文数字应用是时代发展的产物，而西北非地区中文数字应用本土化程度低，这将制约该地区中文教育的发展。

2. 国际中文教育本土化发展问题的成因

首先，西北非地区的中文教学资源本身就比较缺乏，在本土化中文教材方面表现得尤其明显。实际上，并非只有西北非地区缺乏本土化中文教材，全世界编制的本土化中文教材都极为稀缺，目前已编写的本土化中文教材主要分布在欧美国家和泰国等地区。相对于这些地区，西北非的经济发展较为落后，而编制本土化中文教材需要较强的经济支持，西北非的经济情况制约了本土化中文教材的编写。

其次，西北非地区本土中文师资短缺，这与当地的本土中文师资招聘政策密切相关，招聘体系不完善，本土中文教师的招聘数量就达不到要求，导致本土中文师资短缺。同时，已经招聘的本土中文教师，没有畅通的晋升渠道，教师在工作中教学能力得不到肯定，也会导致本土教师流失。

最后，现代社会是数字化的社会，中文教学数字化的发展程度可以体现当地中文教育的发展情况。西北非地区的中文数字应用化程度低，与当地的科技发展条件有很大的关系。据了解，西北非地区科技发展大多较为落后，许多地方甚至连网络都没有普及，更别提实现中文教学的数字化了。西北非地区的科技发展状况制约了其中文数字应用本土化的发展。

（二）国际中文教育市场化发展的问题与成因

1. 国际中文教育市场化发展的问题

（1）难以满足当地中文学习者的日常语言交际需求

由问卷数据分析可以看到，国际中文教育市场化发展及评估中，二级指标"明确了解当地中文学习者的实际需求"的得分为 0.572，其下三级观测点"满足当地中文学习者的日常语言交际需求"的平均分是 2.67，最终得分是 0.083。这部分数据说明，西北非地区的中文教学不能很好地满足当地中文学习者的日常语言交际需求。

中文教学不仅要让学生掌握书本上的理论知识，更为重要的是，学生在经过系统的课程学习后，能够使用中文进行日常语言交流。在西北非地区，中文教学却不能满足学习者的日常语言交际需求。西北非地区的中文学习者大部分由各教学机构的学习者组成，这部分学习者以当地居民为主，因此容易形成这样一种局面——学习者在中文课堂上学习中文、使用中文，但是课后这部分学习者仍然使用自己的母语进行交际。使用中文的群体不大，也就是西北非地区国际中文教育的市场不够，学习者的日常语言交际需求就难以满足。

（2）研发并运营的中文电子资源少

由问卷数据分析可以看到，二级指标"研发并运营本地化的线上国际中文教育平台"的得分为 0.949，其下三级观测点"研发并运营其他电子资源"的平均分是 2.78，最终得分是 0.072。在对"研发并运营本地化的线上国际中文教育平台"这个二级指标进行调查时，其下另外 3 个三级观测点为"研发并运营在线直播教学平台""研发并运营网络课程录播平台""研发并运营直播与录播相结合的教学平台",从前文的问卷数据可以看出,西北非地区的直播教学平台、录播教学平台以及直播与录播相结合的教学平台也并不完善,但是相对于这3个教学平台,该地区的其他中文电子资源更不完善,发展更为滞后。

前面说过,现代社会是数字化的社会,数字化的发展影响着中文教学的发展,中文教学如果能够在以往传统教学的基础上以数字化教学作为辅助,这将使中文教学逐步迈向时代的前沿。西北非地区研发并运营的其他电子资源少,这在一定程度上让西北非地区中文教学的现代化程度低、教学手段落后、教学内容单一,在实际教学中难以取得很好的教学效果,不利于当地的中文教学。

(3)利用当地中外合作企业的资源来建设社区中文学习设施的情况不乐观

由问卷数据分析可以看到,二级指标"融入当地社区发展的程度"的得分为0.428,其下三级观测点"利用当地中外合作企业的资源来建设社区中文学习设施"的平均分是2.72,最终得分是0.076。当地中外合作企业的资源用在建设社区中文学习设施上的较少,情况不容乐观。

在国际中文教育中,大部分的中文学习者由各教学机构的学习者组成,如孔子学院和孔子课堂的学生。实际上,社区的中文学习者也是国际中文教育的一大群体,在西北非地区有社区中文学习者。一般来说,社区的中文学习相对于课堂的中文教学形式更灵活,但是教学设施以及学习设施没有课堂完善。基础设施是中文教学得以顺利进行的基础,因此建设社区中文学习设施有利于中文教学的顺利进行。西北非地区用于建设社区中文学习设施的资源不太乐观,这让当地社区的中文教学缺乏支撑,不利于当地社区的中文教学。

2. 国际中文教育市场化发展问题的成因

首先,在了解西北非地区当地中文学习者的实际需求后,我们发现学习者学习中文的目的主要是满足求职需求、日常语言交际需求、学习者个人的兴趣爱好以及国家考试需求。通过调查分析,我们发现西北非地区中文学习者的日常语言交际需求得不到满足。进一步分析其原因,我们发现这与西北非地区的中文学习者群体有关。当地的中文学习者大部分由孔子学院等各教学机构的学生组成,但是西北非地区孔子学院分布极少,中文教育机构不完善，且大部分学生都是当地的居民，学生上完课后回归生活，仍然使用母语交流，这让学生的日常语言交际需求得不到满足。

其次，西北非技术水平低下，中文电子资源开发困难，难以研发多样化的中文电子资源。中文电子资源的开发需要耗费大量的人力、物力和财力，西北非缺乏经济支持和技术支持，自然难以开发出更多的中文电子资源。[①]

最后，利用西北非当地中文合作企业的资源来建设社区中文学习设施难以实现，究其原因，主要是中国与西北非的合作企业本来就比较少，这直接影响利用中外企业来建设中文学习社区设施。同时，西北非地区的中外合作企业多为小微企业，很少有多余的资源来建设中文学习社区设施。由此可见，"少而小"的中外合作企业无法为西北非社区中文学习提供足够的资源，这就让社区中文学习者的学习条件得不到保证。

（三）国际中文教育"中文+职业技能"发展的问题与成因

1. 国际中文教育"中文+职业技能"发展的问题

（1）"1+X"证书试点少

由问卷数据分析可以看到，二级指标"结合中文和当地语言建设语言与职业教育学院"的得分为 1.154，其下三级观测点"1+X"证书试点情况的平均分是 2.78，最终得分是 0.072。从数据来看，西北非地区"1+X"证书试点少。

自提出"中文+职业技能"发展这个议题以来，各地区的中文教学都努力让中文学习者在学习中文的同时学习一门职业技能，以满足学习者的就业需求。"1+X"证书试点的建设，是"中文+职业技能"发展的有力支撑。也就是说，如果一个地区"1+X"证书试点多，中文教师在考取"中文+职业技能"专业证书时就会有相应的保障，该证书的价值也能有所体现，这样才能激励更多的教师考取"中文+职业技能"证书，从而促进当地中文教育的发展。显然，西北非地区"1+X"证书试点少，不利于当地"中文+职业技能"发展，在一定程度上也限制了中文在当地的发展。

---

① 罗小如 . "一带一路"背景下非洲孔子学院"中文+"教育发展探究［J］. 文教资料，2021 （8）.

（2）"中文＋职业技能"实训基地稀缺

由问卷数据分析可以看到，"结合中文和当地语言建设语言与职业教育学院"下的三级观测点"建设实训基地情况"的平均分是2.57，最终得分是0.118。在语言与职业教育学院下设立相应数量的"中文＋职业技能"实训基地，可以让"中文＋职业技能"在当地得到实质性的发展。

从数据来看，西北非地区"中文＋职业技能"实训基地稀缺，这会导致"中文＋职业技能"教师实训机会少。如果教师的实训不足，在给中文学习者上课时，容易造成这样的局面——"中文＋职业技能"理论知识传授过多，实践活动不足。不难理解，如果授课教师自身的实践能力不足，无法将课堂的理论知识与实践情况联系起来，那么在授课时就只能教给学生浅显的书本理论知识，甚至并不知道书本理论知识正确与否。建设"中文＋职业技能"实训基地，对中文教师进行系统的培训，有利于教师将中文教学的理论知识和实践相结合，更好地进行中文教学。西北非地区缺乏"中文＋职业技能"实训基地，不利于该地中文教育的发展。

（3）复合型师资培训开展情况差

由问卷数据分析可以看到，二级指标完善"中文＋职业技能"师资培训体系的得分为0.717，其下三级观测点"复合型师资培训开展情况"的平均分是2.83，最终得分是0.280。由此可见，西北非地区复合型师资培训开展情况并不乐观，没有系统地对复合型教师进行培训。

一般来说，在国际中文教育中，中文教师需要熟练掌握中文知识，还需要积极传播中国文化等。与一般意义上的中文教师不同，"中文＋职业技能"教师除了要掌握一般的中文教师所需要掌握的教学技能，还需要掌握一定的职业技能，以更好地帮助中文学习者就业。因此，"中文＋职业教育"教师并非一般意义上的教师，而应是复合型教师。培训复合型师资，能够促进当地"中文＋职业技能"发展，吸引更多的中文学习者。西北非在开展复合型师资培训方面情况不容乐观，没有系统地对复合型师资进行培训。

（4）职业技能专业教师考取国际中文教师资格证的人数不多

由问卷数据分析可以看到，二级指标完善"中文＋职业技能"师资培训体系下的三级观测点"培养职业技能专业教师的中文教学能力情况"的平均分是3.01，最终得分是0.129。西北非地区职业技能专业教师考取国际中文教师资格证的人数不多，教师的专业性容易引发质疑。

目前，无论是在国内还是在国外，持证上岗几乎已成为一种共识，通常情况下，国际中文教师上岗需要考取国际中文教师资格证。国际中文教师资格证考试由笔试和面试两部分组成，笔试基本是考察教师是否掌握基本的中文知识，面试则是对教师语言能力和教学能力进行考察，通过该考试，教师基本能够成为一名合格的国际中文教师，国际中文教师资格证的考取让国际中文教育的发展更为规范化。随着"中文＋职业教育"的发展，各地区开始鼓励职业技能专业教师考取国际中文教师资格证，这是因为职业技能专业教师已经掌握了足够的职业技能专业知识，通过考取国际中文教师资格证，再掌握基本的中文知识以及中文教学能力，能够促进"中文＋职业教育"的发展。西北非地区职业技能专业教师考取国际中文教师资格证的人数少，这让"中文＋职业技能"发展的专业性遭到质疑，不利于西北非地区"中文＋职业技能"发展。

2. 国际中文教育"中文＋职业技能"发展问题的成因

西北非地区国际中文教育"中文＋职业技能"发展存在"1＋X"证书试点少、"中文＋职业技能"实训基地稀缺、复合型师资培训开展情况差、职业技能专业教师考取国际中文教师资格证的人数不多等问题，通过数据分析和文献查阅，我们发现这些问题有以下共性原因。

"中文＋职业技能"发展在当地不普遍，这可能与西北非当地的教育政策有关，说明当地教育政策关于"中文＋职业技能"的规定不完善。"中文＋职业技能"得不到发展，教师就缺乏考取国际中文教师资格证的热情，考取证书试点的人数少，"1＋X"证书试点的建设就缺乏"群众基础"，那么证书试点在当地就必然为少数。同样，国家关于中文教育政策的颁布也会对"中文＋职业技能"实训基地的建设产生影响，只有国家政策大力支持实训基地的建设，实训基地的数量才会增加。在复合型师资培训方面，西北非地区颁布的关于复合型师资培训体系建设的教育政策会对复合型教师培训产生影响，师资培训体系越完善，教师的培训就越规范。在推动职业技能专业教师考取国际中文教师资格证情况方面，国家政策对国际中文教师资格证的认可度越高，考取该证书的教师人数就会越多。

综上所述，国家教育政策关于"中文＋职业技能"的规定影响着"中文＋职业技能"在当地的发展，是"中文＋职业技能"发展好坏的主要原因。

(四) 国际中文教育传播力的问题与成因

1. 国际中文教育传播力的问题

(1) 当地国际中文教育教学机构不完善

由问卷数据分析可以看到,国际中文教育传播力及评估下,二级指标"国际中文教育传播主体多样化"的得分为0.439,其下三级观测点"当地国际中文教育教学机构完善"的平均分是2.90,最终得分是0.250。从上述数据可以看出,西北非地区的国际中文教育教学机构不完善。

在国际中文教育中,传播中文的主体大多是教学机构、中文教师、中文学习者,教学机构作为传播国际中文教育的主体之一,可以有效地传播中文。然而,由问卷数据分析可知,西北非地区的中文教育教学机构不完善,对于中文的传播有很大的制约作用,中文传播受限制,中文学习群体就难以扩大,国际中文教育就难以取得长远发展。

(2) 当地国际中文教育内容忽视学生的个性化、差异化、多样化

由问卷数据分析可以看到,二级指标"国际中文教育传播内容多元化"的得分为0.834,其下三级观测点"当地国际中文教育内容注重个性化、差异化、多样化"的平均分是2.51,最终得分是0.135。数据显示,西北非地区中文教育内容的设置不重视学生的个性化、差异化、多样化。

教师在教学时要注重学生个性化、差异化以及多样化的发展,让学生的特长得以体现。西北非地区的中文教育内容不注重学生的个性化发展,在教学中就难以准确把握学生的长处,学生在学习中文时也难以找到自身的兴趣,这不利于学生的中文学习。比如,对于一个外向型、喜欢开口说话的中文学习者,在设置教学内容时,教师应该增加口语教学内容的分量,在教学中应增加学习者开口的次数,让学生的个性得以体现。相反,在教学中,该类型学习者如果长期得不到表现,个性就会被压抑,严重者对中文的兴趣或将日渐消退。

(3) 当地国际中文教育线上线下融合开展情况不乐观

由问卷数据分析可以看到,二级指标"国际中文教育传播方式多维化"的得分为0.697,其下三级观测点"国际中文教育线上线下融合开展情况"的平均分是2.98,最终得分是0.182。数据显示,西北非地区的国际中文教育线上线下融合开展情况不乐观。

国际中文教育的传播方式是多维的，包括线上传播方式、线下传播方式以及线上线下融合传播方式。线上传播方式一般通过短视频等形式实现；线下传播方式一般是带领学生切实参与中文实践活动，以达到良好的传播效果；线上线下融合传播方式则是前两者的融合。在西北非地区，线上线下融合传播中文的效果并不好，难以实现线上传播和线下传播的有效融合，这不利于中文在当地的传播。中文传播力度不够，中文学习群体就难以扩大，这对于西北非地区国际中文教育的发展来说是不利的。

2. 国际中文教育传播力问题的成因

可从传播主体、传播内容和传播方式三个方面进行考察，西北非地区中文传播的发展总体上比较乐观，但是也存在当地国际中文教育教学机构不完善，当地国际中文教育内容忽视学生的个性化、差异化、多样化，当地国际中文教育线上线下融合开展情况不乐观等主要问题，原因如下。

首先，西北非地区网络不普及，且大部分地区网络状况差，难以实现线上传播和线下传播的融合。其次，西北非地区缺乏中文教师，一个教师可能教授多门课程，教师没有多余的时间设计多样化的课程。因此，在教学内容的设置上，容易忽视学生的个性化、差异化和多样化，不能照顾到每个学生的差异。最后，西北非地区中文传播主体之一——中文教育教学机构不完善，这与中文师资的短缺以及国家教育政策的发展息息相关。[①]

四、提升策略

本节将有针对性地提出相应的提升策略，以期改善西北非地区国际中文教育现状，促进西北非地区国际中文教育发展。

总的来说，针对西北非地区国际中文教育本土化发展、市场化发展、"中文＋职业技能"发展以及传播力方面存在的问题，有以下提升策略：加大对当地国际中文教育的资金投入，经济是发展的基础，没有足够的经济支持，就难以实现真正的发展；完善当地国际中文教育的法律法规，教育政策是教育发展重要的制度保障；密切与当地国家的合作与往来等。

具体而言，有以下提升策略。

---

① 董晓艳. 安哥拉中文教育发展调查与研究［J］. 国际中文教育（中英文），2022，7（1）.

（一）国际中文教育本土化发展的提升策略

1. 编制本土化中文教材

相对于目前国际中文教学中大量使用的通用中文教材，本土化中文教材对于学习者学习中文更具有针对性。通用中文教材多以中英对照的形式展示课文内容，而本土化中文教材是根据当地的文化背景、当地使用的语言以及当地中文学习者的实际情况等因素编制的教材。编制本土化中文教材的目的在于提升中文教学的质量，因此编制的本土化中文教材应该能够满足当地学习者的学习需求，同时应能够帮助教师提升教学效果，在实际教学中减少教学冲突。

在西北非地区根据当地实际情况编制本土化中文教材，可以有效提升当地的中文教学质量。在西北非地区本土化中文教材编制上，应该考虑以下几个方面的因素：首先，西北非地区的通用语言有阿拉伯语、葡萄牙语、法语等，本土化中文教材的编制要结合当地所用语言，结合当地语言来编制教材能让学习者更清晰地了解教学内容；其次，应该大量收集长期从事国际中文教学的、有丰富经验的专家学者的意见，以提高本土化中文教材编制的可靠性；再次，应当充分了解当地中文学习者的实际情况，编制适应当地学情的中文教材；最后，要充分考虑当地的文化背景以及发展现状，也即充分了解当地的国情，当地的国情是编制本土化中文教材的关键。①

2. 制定规范的本土教师招聘体系

教师作为课堂教学的引导者，在教学中发挥着关键的作用。国际中文教育的教师主要由国内的公派教师、志愿者以及国外当地的中文教师即本土教师组成。国内的公派教师和志愿者在被选派去国外任教之前，要经过层层筛选、严格的培训，因此该类型的教师具有较强的中文基础以及跨文化交际能力。但是，国内派出的教师也存在一些问题：首先是任期问题，一般来说，公派教师任期为 2～5 年，志愿者教师的任期更短，通常是 2～3 年，这就容易导致这样的现象——当地的教学水平刚刚得到有效提升任期就到了，这对

---

① 李承妍，谢婧怡，汲翔. 少儿汉语教材如何走向本土化：基于近 20 年国际少儿汉语教材的分析［J］. 云南师范大学学报（对外汉语教学与研究版），2022，20（2）.

于国际中文教学来说是很不利的；其次是跨文化交际问题，尽管教师在被派出前深入学习了跨文化交际的理论知识，但是理论和实际还是存在差异的，国内的教师在派出后容易因文化差异带来一些教学冲突。①

国内教师在国外任教所存在的不足，国外本土教师能够很好弥补：在时间上，本土教师更加稳定；在文化冲突上，本土教师更了解当地的情况，与当地学生有着共同的文化背景，文化认同感更强，在教学中也就能够减少文化冲突带来的教学事故。因此，西北非地区的中文教育教学机构不仅要招聘一定数量的本土教师，还要制定规范的招聘体系，在规范的招聘体系下招聘合格的本土教师。

3. 畅通本土教师的晋升渠道

教师晋升，通常情况下是指教师工作一段时间后，根据教师的工作能力和实际的工作表现，给教师升至相应的职称。教师升至与自身能力相应的职称，并不只是工资上的所带来的变动，职称对于教师，更是工作能力的重要表现。所有的教师如果不论能力高低，都评为一种职称，长此以往，教师就会丧失工作热情，不利于教育事业的发展。因此，在教育发展中，教师晋升渠道畅通是促进教育事业发展的重要因素之一。②

本土中文教师在国际中文教育中有着独特的作用，在发展国际中文教育事业中不可或缺，在规范的本土教师招聘体系下，招聘一定数量的本土教师，有利于推动西北非地区国际中文教育发展。晋升渠道作为教师事业的保障，对教师的发展有着重要作用，甚至是教师是否愿意继续从事这项工作的因素之一。本土教师的晋升渠道是本土教师的重要保障。因此，在发展国际中文教育事业的过程中，要畅通本土教师的晋升渠道，让本土教师的工作能力得到保障，同时，畅通的晋升渠道，能够让本土教师感受到教学能力提升带来的变化，激励本土教师提升教学能力，在一定程度上能够在本土教师间形成一种良性竞争，激发本土教师的工作动力。

4. 推动中文数字应用本土化发展

随着科学技术的发展，数字化逐步遍及全球，国际中文教育的发展也逐步向数字化迈进。在科技手段的辅助和专家学者的努力下，目前国际中文教

---

① 王建军. 汉语国际教育师资本土化的基本内涵、培养模式与未来走向 [J]. 云南师范大学学报（对外汉语教学与研究版），2015，13（3）.

② 郭晶. 国际中文教育本土化发展指数构建研究 [J]. 民族教育研究，2021，32（3）.

育已经建设了一定数量的动态语料库，只要通过网站搜索就可以查看当地中文学习者口语、作文、词汇等语料。显然，在数字化还未普及之前，想要收集中文学习者的语料是比较困难的，研究者需要实地考察，并且时刻记录，这需要耗费大量的人力和物力。动态语料库的建立，让大部分研究者在进行研究时可以直接采用动态语料库的内容，不必再像从前一样跑去当地收集数据。这只是中文数字化应用的一部分，实际上，在国际中文教学中应用数字化的地方还很多。比如，远程网络授课打破了中文教学时空的限制，中文学习网站的设立让学习者可以随时随地观看教学视频学习中文，中文电子课本的出现解决了大部分中文学习者缺乏教材的问题，短视频的出现让中文教学更加生动具体，等等。这些都是随着时代的发展，中文教学数字化的重要表现。

然而，无论是中文动态语料库还是中文学习网站等，大部分都是根据国内情况设立的，外国学习者使用起来还是存在一定的难度。因此，在实际情况中，应该结合西北非当地的实际情况，推动中文数字应用本土化发展。比如，在开发中文学习 App 时，可以加入当地的文化元素，改变以往中英对照的模式，加入当地的通用语言；中文电子课本方面，可以根据当地学习者的特点、当地的文化背景和通用语言等因素，开发本土化电子课本。

（二）国际中文教育市场化发展的提升策略

1. 扩大当地中文学习群体，设置生活化的中文教学内容

在教学中，教师、学生、教学内容是课堂教学的重要组成部分，与传统教育相似，在国际中文教育事业的发展中，教师、学生和教学内容也是不可或缺的。西北非地区国际中文教育的发展难以满足当地学习者的日常言语交际需要，究其原因，一方面与教学内容有关，教学内容设置不合理就难以满足学习者的言语交际需要，另一方面与中文学习群体小有很大的关系，如果一个地区中文学习群体大，学习者众多，那么中文学习者课后言语交流的机会就会更多。

在西北非地区，中文学习者一般由本地居民组成，没有固定中文背景的群体，大部分学生除了完成教师课堂上布置的言语交际作业，课后仍然使用母语交流。因此，在日常生活中，学习者使用中文的场景需求得不到满足，

教师的中文教学也达不到很好的教学效果。扩大中文学习群体，可以从招收当地的华裔学生入手，华裔学生比当地居民更熟悉中文，使用中文的频率相对来说也更高，因此应招收华裔中文学习者，在教学中布置适量的语言交际任务，逐步满足学习者的日常语言交流需求。同时，教师在教学中可以尝试让中文教学更接近学生的日常生活，实现"中文教学生活化"。教师设置的教学内容如果是学生日常生活中常见的，那学生使用中文的次数就会增多，中文交际就不局限于课堂，日常的语言交际需求就能够得到满足。

2. 加大对当地中文电子资源的投入

中文电子资源是时代发展的产物，可以打破时间和空间的限制，方便教师和学习者随时随地使用。教师在课堂上传授的理论知识是有限的，学生通过短时间内系统的学习，能够掌握大量的知识，但是课后不加以强化，也极易遗忘。中文电子资源首先可以对教师课堂上的教学内容进行补充，辅助教师教学。传统的教学基本是通过书本的文字和教师的讲解来呈现，学生对课堂知识的吸收也只是简单地听教师的讲解，再加以自己的理解。中文电子资源可以让教师的课堂讲解和书本的文字可视化，让课堂教学更加生动形象，便于学生理解。此外，中文电子资源还可以在课后作为一种教学辅助，对教师课堂上所讲的知识进行补充。同时，中文电子资源也可以成为学生学习中文的辅助手段，学生可以从电子资源上了解更多的中文知识，在学习中文遇到困难时，也可以先查阅电子资源，培养自己解决问题的能力，对教师的中文教学和学生的中文学习都有益处。

中文电子资源的使用是不可阻挡的时代潮流，也是教师教学和学生学习的重要手段。中文电子资源的开发与使用能够为西北非地区国际中文教育事业的发展带来极大的便利。西北非地区经济较落后，科学技术发展水平相对低下，因此要加大对西北非地区中文电子资源的投入，包括资金投入和技术投入等。在原有的中文电子资源的基础上，开发并运营形式多样的中文电子资源，实现中文资源的数字化应用，为当地教师的教学和学生的学习提供便利，促进西北非地区国际中文教育事业的发展。

3. 加强与当地企业的合作，建设中外合作企业

教育事业的发展离不开社会企业的支持，社会企业是教育事业发展的重要经济支撑。西北非地区中文学习群体除了各教育机构的学生，还有社区的中文学习者，社区的中文学习者也是中文传播的主体之一，因此社区的中文

学习者也不容忽视。一般来说，国际中文教育的教育机构有孔子学院、孔子课堂、当地的大中小学开设的中文班。这些教育机构一般都有一些共同点，即教学地点较稳定、中文教师队伍较稳定、教育发展资金较为充足。然而，在社区进行中文教学存在以下问题：一是基本没有固定的教室；二是中文教师的变动大，一般都是各教学机构的中文教师组织的中文志愿教学活动，教学时间短且教师短缺；三是资金不足，资金的不足导致了社区中文教育基础设施不完善，基础设施不完善，教学条件就得不到保障，教学效果同样也得不到保证。①

由前文的数据分析可知，在西北非地区，社区中文学习设施不完善，社区的中文学习环境有待建设，学习者缺乏良好的学习条件，因此西北非地区需要加大对中文学习社区设施的建设投入，以为社区的中文学习者创设良好的学习环境。社会企业作为教育投入的重要经济支撑，可以为社区中文学习设施建设提供经济支持。因此，国家要加强与当地企业的合作，建设中外合作企业，促进中外企业的经济往来，夯实当地中外企业的经济基础，在中外企业的支持下，完善社区的中文学习设施。

（三）国际中文教育"中文＋职业技能"发展的提升策略

1. 推动建设"1＋X"证书试点

"1＋X"证书，通常情况下，"1"是指学历证书，"X"则指职业技能等级证书，这里的职业技能等级证书用"X"表示，表明对于考取什么样的职业技能并没有限制，教师或者学生可以结合自身的实际情况考取多个职业技能等级证书。"1＋X"证书制度在国内试行主要是为了缓解就业压力，激发学生的创业精神。目前，国内许多省份都建设了"1＋X"证书试点，鼓励学生积极考取证书，在完成学业任务的同时开发自己的创业技能，这在一定程度上培养了一批不仅有学识还有工作能力的学生。为了促进国际中文教育发展，国家提倡发展"中文＋职业教育"，推动建设语言与职业教育学院，在教授中文的同时，也向学习者传授职业知识，提升学习者的职业技能，帮助学习者更好就业。

① 王金秋. 汉语国际教育市场发展现状及营销对策研究［D］. 苏州：苏州大学，2017.

在西北非地区，结合当地语言建设语言与职业教育学院的情况并不乐观，这是各方面因素共同影响的结果，其中就与"1＋X"证书试点的建设有关。建设"1＋X"证书试点是国际中文教师和中文学习者学习职业技能的重要保障，可以这样理解，中文教师在上中文课之余学习一门职业技能课程是需要耗费大量的时间和精力的，还需要一定的开销，但是教师学成后没有获得相应的证书来证明学过这门课程，教师也难以检验自己的学习情况。简单地说，就是学习完这门职业技能课程，教师的工作和生活没有多大的改变，这就导致去学习职业技能课程的教师越来越少。中文学习者在学习中文之余学习职业技能相关课程会面临和教师一样的问题，因此选择学习职业技能这门课程的人数也会减少。

综上所述，为了推动西北非地区国际中文教育发展，可以借鉴国内推行"1＋X"证书试点的经验，在西北非地区推动建设"1＋X"证书试点。为了保证"中文＋"课程的顺利实施，可以为学生设置多样化的中文课程，也就是"中文＋"系列课程，推动建设"1＋X"证书试点，让"中文＋"系列课程得到保障，让中文教师和中文学习者切实感受到"中文＋"发展带来的变化。

2. 推动建设"中文＋职业技能"实训基地

前面提到，设立"1＋X"证书试点是中文教师和中文学习者学习和就业的重要保障，但是如何让中文教师和中文学习者更好地学习"中文＋职业技能"课程，则需要发挥"中文＋职业技能"实训基地的作用。"中文＋职业技能"涵盖的范围比较广泛，这里的职业技能包括机电、医学、航空等领域，而在国外任教的中文教师或者本土化的中文教师，虽然都掌握了大量的中文知识，但是缺乏职业技能方面的知识，给学生上课时很难深入。因此，推动"中文＋职业技能"实训基地建设，对于提高教师和学生的技能水平，训练教师的职业技能很有必要。①

在西北非地区建设的"中文＋职业技能"实训基地过少，中文教师的技能得不到训练，给学生上课时无法向学生传授太多的相关知识，"中文＋职业技能"系列课程的教学自然就达不到很好的效果。"中文＋职业技能"实训基

---

① 构建"中文＋职业技能"教育高质量发展新体系［EB/OL］．（2021－06－02）［2022－12－01］．https：//www. sohu. com/a/469978797_ 120926215.

地的建设可以推动"中文+"系列课程在西北非地区发展，对于中文学习者而言，让更多的西北非地区中文学习者在学习中文的同时根据自身特长学习一门技能，可以有效满足中文学习者的兴趣以及工作需求。对于西北非地区的中文教师而言，也拓宽了就业渠道，有效提升了教学能力。但是，目前可供借鉴的"中文+职业技能"实训基地建设案例较少，同时考虑到西北非地区的经济发展情况，建设"中文+职业技能"实训基地还面临着许多困难和挑战。因此，在西北非地区建设"中文+职业技能"实训基地，需要国家政策的大力支持和引导，在国家积极的引导下，与当地国家合作建设"中文+职业技能"实训基地，推动西北非地区"中文+职业技能"的发展，有利于促进西北非地区国际中文教育事业发展。

3. 大力开展复合型师资培训

复合型师资是指教师不仅要精通一门课程，还要学习其他学科的知识，促进多学科发展。"中文+职业技能"教学正是要培训复合型师资，教师不仅需要掌握中文知识，还需要掌握其他学科的知识。国内关于复合型师资的培训可参见南京工业职业技术大学，该校启动了复合型师资百人培训计划，对职业技能专业教师的教学能力进行认证，并且鼓励职业技能专业教师考取国际汉语教师资格证。国内其他高校也紧跟步伐，启动复合型师资培训计划。此外，我国还与国外许多地区合作，共同为职业技能专业教师打造复合型师资培训计划。由此可以看出，国内复合型师资培训的发展，以及国内外合作的复合型师资培训的发展，都为在西北非地区启动复合型师资培训计划提供了很好的参考和借鉴。

促进西北非地区中文教育发展，需要满足当地中文学习者的实际需求。当地中文学习者学习中文，主要是为了满足求职需要，希望通过学习中文找到稳定的工作。因此，可以为当地的中文学习者开设职业技能课程，让他们学习一门专业技能课程。职业技能教师在这个过程中有很重要的作用，经过专门培训的教师能够在课堂上给中文学习者带来所需要的实质性的知识，满足学生的实际需要。因此，为了促进西北非地区"中文+职业技能"发展，满足当地学习者的实际需求，就要推动西北非地区大力开展复合型师资培训。

4. 鼓励职业技能专业教师考取国际中文教师资格证

职业技能专业教师已经具备了充足的职业技能知识，但是在中文知识的储备上还不够，因此职业技能专业教师可以通过考取国际中文教师资格证来系统地掌握中文知识，提升教学能力。这样，在"中文＋职业技能"教学过程中职业技能专业教师就能够用专业知识和中文知识储备为学生提供高质量的课堂了。[①]

因此，西北非地区要鼓励职业技能专业教师考取国际中文教师资格证，选择有教学能力的教师，为学生打造高质量的"中文＋职业技能"课程。同时，职业技能专业教师持国际中文教师资格证上岗，可以让当地的中文教师招聘体系更加规范。我国要加强与西北非地区的合作往来，提高国际中文教师资格证的含金量，鼓励西北非地区的职业技能专业教师考取国际中文教师资格证。

（四）国际中文教育传播力提升策略

1. 建设并完善当地国际中文教育机构

从传播学的角度来看，传播要有传播主体、传播内容和传播途径这三个基本要素，国际中文教育的传播也是如此。国际中文教育的传播主体是多样的，主要包括国际中文教育机构、国际中文教育从业人员、当地的中文学习者，因此国际中文教育机构是国际中文重要的传播主体。在国际中文教育传播主体中，国际中文教育机构更多地扮演的是中文传播载体的角色，为中文的传播提供场所支持。目前在国外设立的国际中文教育机构以孔子学院为主，与当地设立的小型国际中文教育机构相比，孔子学院的教学体系相对完备，一般都有固定的中文学习群体和相应的中文师资，教学设施也相对完善。但是，在实际发展过程中，也存在一些问题。比如，本土化中文师资不足，教学内容较单一等。[②]

而且，仅靠西北非地区的孔子学院来传播中文是远远不够的，因此在完善孔子学院这类较为成熟的国际中文教育机构的基础上，还要推动建设并完善其他类型的国际中文教育机构。比如，可以从社区入手，推动建设社区中文教育机构。

---

① 教育项目研究组. 构建"中文＋职业技能"教育高质量发展新体系［J］. 中国职业技术教育，2021（12）.

② 周磊. 基于文化产业发展背景下的汉语国际推广市场化途径探究［D］. 西安：西安外国语大学，2014.

综上所述，在西北非地区建设并完善国际中文教育机构，可以有效扩大国际中文教育传播主体，增强国际中文教育的传播力。

2. 根据学生的差异设置多样化的中文教育内容

中文学习者也是国际中文教育的传播主体之一，而建设国际中文教育机构可以有效吸引更多的中文学习者，扩大国际中文传播范围。与国内教育结构相似，学生是学习的主体，中文学习者在国际中文教育中也处于主体地位。因此，要满足学生的学习需求，尊重学习者的主体地位。在实际教学中，中文教师要考虑到学习者个体的差异性，根据学生的特点设置个性化、多样化和差异化的教学内容，以满足不同类型中文学习者的学习要求。比如，针对实践型的学习者，在设计中文教学内容时，可以适当增加中文活动的课堂分量；针对理论学习型的学习者，在设计中文教学内容时，可以适当增加中文的理论知识讲解等。

中文在西北非地区传播范围的扩大，可以通过扩大中文学习者群体来实现，而为了吸引更多的中文学习者，首先要让中文学习者对中文感兴趣。因此，要推动西北非地区的中文教育机构根据中文学习者的差异设置多样化的中文教育内容，留住现有的中文学习者，再吸引更多的中文学习者。[①]

3. 推动教育机构融合线上线下中文教学方式

通过调查研究，我们了解到西北非地区中文数字化应用程度低，研发并运营的线上中文教育平台少，且缺乏电子资源，这与当地的科技水平和经济发展状况有关。结合国内线上教学的实际情况，为了解决"出国任教难"的问题，国际中文教育也开始了线上中文教学，通过网络将中文传播到西北非地区。但是，线上教学也存在一些问题，例如，在实践教学方面教学效果远不如线下教学。

在西北非地区，要推动教育机构融合线上线下教学方式来进行中文教学，线上教学难以满足学习者的实践需求，但是线下教学可以弥补这一缺点。因此，在国际中文教育中，线上线下融合教学方式可以有效提高国际中文教育教学质量。

---

① 提升来华国际学生教育的中华文化传播影响力［EB/OL］．（2020-09-12）［2022-12-01］．http：//pinglun．youth．cn/ll/202009/t20200912_12491298．htm．

第五章

新时代加强国际中文教育推广的思考与建议

一、加快建设与推广国际中文教育标准体系

随着社会发展与科技进步，现实社会的发展对语言教学"教什么"的问题提出了更高层次的要求。① 国际中文教育已经不能满足海内外中文学习者的多样化需求。因此，中文要走向世界，国际中文推广面临的第一个挑战就是如何更新中文的教学观念。②

在语言教学标准体系的建设上，欧美国家积累了比较丰富的理论与实践经验，值得借鉴。欧美不但建立了内容标准，而且建立了包括能力、水平和实施标准在内的一系列配套标准体系。③ 美国政府在发布《21 世纪外语学习标准》后，许多地方州分别根据其制定了符合自身实际的各自标准以及大纲和课程指南。相较而言，我国国际中文教学标准的研制相对落后，多为语言要素为主要内容的单一化标准，而且主要以语法大纲为主。虽然这个标准也划分了语言能力等级，但语言能力等级主要依靠语言要素的等级划分。④ 最重要的问题在于，我国的国际中文教学标准并不是以交际能力为目标来确定语言理论知识（包括词汇、语法、汉字等），而是以语言理论知识来"划定"交际能力。在这种标准指导下的课堂教学、教材编写以及语言测试难免局限于语言知识的理论性与系统性，而无法实现实践交际能力的培养目标。标准研制的落后，势必会对国际中文教育的推广带来极大的不利影响。⑤

---

① 崔永华. 对外汉语教学的目标是培养汉语跨文化交际能力 [J]. 语言教学与研究，2020（4）.
② 袁凌. 基于国家软实力构建的汉语国际推广策略研究 [J]. 文化创新比较研究，2021，5（31）.
③ 鄢家利. 从《欧洲语言教学与评估共同纲领》看我国英语能力标准的制定 [J]. 西南科技大学学报（哲学社会科学版），2008（4）.
④ 于亮. 汉语语言能力量表制定的相关思考 [J]. 语言科学，2013，12（6）.
⑤ 陈绂. 对国内对外汉语教学的反思：AP 汉语与文化课及美国教学实况给我们的启发 [J]. 语言文字应用，2006（S1）.

综观 20 世纪我国国际中文教材的编写与出版历程，20 世纪 80 年代前，我国国际中文教材数量虽然较少，但是国际中文教学使用的大都是此时期出版的教材。20 世纪 90 年代后，我国每年出版的中文教材逐年递增，然而国外普遍反映仍然找不到合适且质量上乘的国际中文教材。标准片面地注重语言知识的理论性与系统性，对实践交际能力重视不足，忽视了文化的认知能力。基于这种观念和标准编写的教材难免导致课堂教学不能满足海外学习者的需求。由此可见，标准研制落后，教材就难以走出国门。特别是欧美外语教学标准的出台，使得这种情况更加严峻。这意味着国际中文教育教材进入市场的门槛提高了，不符合标准的教材将难以走向国外市场。从市场竞争的角度讲，未来国际中文教育市场的竞争就是标准化的竞争，我们将不得不迎接这种挑战。①

为了进一步加快中文走向世界的步伐，迅速扭转国际中文教育推广的被动局面，我们必须着眼于未来，面向海外市场，面向海外学习者，在标准建设上采取以下策略。

第一，更新教学观念，树立全球化意识，满足国际中文教学需求。② 在国际中文教育推广的新形势下，国际中文教师必须具有全球化的视野和宽广的胸怀，虚心接受与汲取欧美等发达国家外语教学的新理念与新方法，突破以语言结构和功能为框架的传统教学模式与观念，把交际能力和文化认知能力纳入中文课堂教学目标与全过程，改革和创新教学模式，不断满足海外学习者中文学习的新需求，使中文和中华文化能够真正走出国门、走向世界。③

第二，进一步加强与优化国际中文教材的编写与出版工作。为满足国际中文教学市场需求，我们应开发基于标准的、面向国际的新型国际中文教材。随着对外中文教育市场的逐步细分，海内外学习者需求逐步走向多样化，这使"通型教材"的市场变得越来越小，已不符合时代发展的潮流。④ 因此，国际中文教育推广要解决面向海外学习者的中文教材的瓶颈问题，今后的教

---

① 王建勤. 汉语国际推广的语言标准建设与竞争策略［J］. 语言教学与研究，2008（1）.

② 吴应辉. 国际中文教育新动态、新领域与新方法［J］. 河南大学学报（社会科学版），2022，62（2）.

③ 李泉. 汉语教材的"国别化"问题探讨［J］. 世界汉语教学，2015，29（4）.

④ 宛新政. 孔子学院与海外汉语师资的本土化建设［J］. 云南师范大学学报（对外汉语教学与研究版），2009，7（1）.

材编写与出版必须面向海外学习者的多种需求，面向不同类型、不同层次学习者多种需求。需要注意的是，教材的类型虽可以多样化，但必须与面向国际中文的教学标准挂钩，即编写与出版基于国际中文教学界公认的标准的国际中文教材。[①]

第三，构建符合国际市场发展要求的国际化标准是国际中文教育得以推广的长久之计。我们要尽快研制与构建面向全球的中文学习、教学与评估标准体系。中文要走向世界，必须要有国际中文教学公认的标准。这就要求为国际中文教学提供一个具有先进教学理念、科学的标准体系，为国际中文师资评价、教学评价以及教材评价提供一个国际公认的客观标准。此外，标准建设要努力面向世界各国的中文教学、面向世界各地的中文学习者。[②]

第四，在全球化背景下，标准的构建同时意味着标准的竞争。这就要求我们适时建立面向全球的国际中文教学、学习与评估标准的兼容与竞争机制。面对欧美标准的挑战，我们主要有三条道路：第一条道路为通过"自力更生"主动构建具有世界竞争力的国际化标准体系；第二条道路为被动遵循国外标准；第三条道路就是建立标准兼容机制，这是参与世界公平竞争的重要方法。我们可以充分利用已有的国际中文教育教学资源，通过构建以中文学习者语言能力常模为参照的标准体系，实现与其他国家外语教学标准的兼容，为国际中文教育得以推广、国际中文教材和国际中文师资走出国门铺平道路。[③]

第五，进一步促进教学资源开发市场化，主动践行中国标准与国际标准对接策略多元化。经过数代学界前辈的努力，我国国际中文教育界已初步构建成了以中文水平等级标准为统领，以教师标准、课程教学大纲和考试大纲等为支撑的标准体系。不可否认，中国标准在体现中文特性方面具有突出优势，可以为国际标准提供强有力的支撑。此外，我们必须意识到在推动中国标准与国际标准对接的过程中，应采用灵活多元的策略，在充分研究国际标

① 戴昭铭. 汉语国际教育中的规范冲突问题：与郭熙先生商榷［J］. 求是学刊，2014，41（2）.
② 胡建刚，贾益民. 国际职场汉语教学探讨［J］. 世界汉语教学，2022，36（3）.
③ 王银泉. 外语教育国家意识与外语学科跨学科融合发展［J］. 当代外语研究，2022（1）.

准的基础上，因事因地制宜，找准突破口与切入点，形成优势互补。① 具体可从以下几方面入手。

在考试认证方面，一是探索推动 HSK 与海外重要文凭考试的互补对接；二是尝试"化整为零"的思路，推进中文水平考试成为促进学习衔接、满足多元需求的工具，探索使其局部融入课程学分体系，依照对应等级冲抵部分学分，而非当地权威考试替代品的做法。在课程标准方面，各国的教学目标虽不尽相同且具有不可替代性，但教学内容、教学策略以及产出评估方面有较大的发展空间，尤其对语言要素的描述和测评等普遍较为薄弱，据此可参照中国水平等级标准研制相应的支撑文件，为机构和教师提供更为具体的语言参照。在配套资源方面，中文教学标准的配套教材由国家统编的为数较少，绝大多数采用管理机构委托、招标、推荐等半市场化和完全市场化的方式来解决供给需求。因此，亟需既贴近本土教学标准要求又具有母语国家专业优势的配套教学资源。② 目前我国研发的教材多基于中国标准，与海外本土标准存在一定程度上的失配，教学实践面临诸多方面的现实困境。因此，我们应采取多种措施调动国内外市场资源，积极投入标准配套资源的开发。配套资源融合中国标准，服务于国际中文教学，成为我国教学标准走出去的一条有效途径，使我国教学标准与别国教学标准优势互补、相得益彰。③

标准的重要性在于其不但是规范，而且是目标与导向。因此，在全球化背景下的国际中文教育推广过程中，标准发挥着日益重要的作用。忽视标准的建设，我们的国际中文教学与国际中文教材都将面临被边缘化的危险。因此，我们不能在自足的语言体系中裹足不前，必须及时转变观念，加速国际中文教育推广的中文教学与评估标准的建设。④

二、推动中文成为更多国际组织的官方语言

国际组织是国家语言能力的重要体现者，其语言政策具有实用性和象征

---

① 王祖嫘，何洪霞，李晓露，等. 世界主要发达国家中文教学标准研究报告［J］. 国际中文教育（中英文），2021，6（4）.
② 同①.
③ 曹丽萍. 跨国资历框架体系的国际范式与本土建构［D］. 桂林：广西师范大学，2022.
④ 李泉. 国际汉语教学的语言文字标准问题［J］. 语言教学与研究，2015（5）.

性。中文作为联合国工作语言之一，正在被越来越多的国际组织接受和重视。2021 年，联合国旅游组织和国际航空运输协会先后宣布增加中文作为官方语言，国际植物新品种保护联盟也确定中文为工作语言。虽然中文目前在很多国际组织中取得的语言地位更多地居于象征性层面，在实用性上相对落后于英语、西班牙语、法语等语言，但语言使用的象征性是实用性的前提与基础，中文正在后来居上，凭借中国强大的经济实力和国际影响力，受到越来越多国际组织的重视。中文作为世界人口使用最多的语言，理应在所参加的国际组织中要求更多话语权。因此，国家应重视国际组织这一重要的语言能力展示平台，以此为支点，让中文在国际事务中发挥作用，扩大影响，建设国际传播能力，最终提升国家语言能力。[1][2]

语言文字国际标准事关国家语言能力和话语权，是国家软实力和综合国力的重要象征与体现。中文由于历史悠久，有多种地域方言和社会方言。国际组织中的中文使用应该和国家通用语的规范标准保持一致，以最大限度地发挥并提高中文的影响力。因此，在国际组织中推广与国家通用语相关的语言文字国际标准，对于国家语言能力建设有重要的推动作用。

一方面，我们要进一步推广已有的国际标准，特别是推广已有国际标准在国际上的使用，如我国现有的与国家通用语相关的国际标准 ISO 7098：2015《信息与文献——中文罗马字母拼写法》、ISO 10646《通用多八位编码字符集》等；另一方面，需要把我国已有的语言文字国内标准推广到国际，如《中国英语能力等级量表》《国际中文教育中文水平等级标准》等。目前国际上通用的外语教学标准主要有《欧洲语言共同参考框架：学习、教学、评估》和美国《21 世纪外语学习标准》，这两个标准出台早、历史长，在世界各国已颁布的外语教学标准中均可发现其影响。《国际中文教育中文水平等级标准》与上述两个标准的可比性、兼容性尚需充分论证。尽快推动《国际中文教育中文水平等级标准》成为国际标准，是提升国家语言能力、构建中国语言文化全球传播体系的重要抓手。我们需要进一步提升标准的时代性、适用性，构建科学规范、系统完备的国际中文教育标准体系，逐步推动该标准成为国际标准，进而推动该标准进入各国国民教育体系，确保我国对国际

---

① 张天伟，陈练文. 国际组织语言政策与国家语言能力建设［J］. 云南师范大学学报（哲学社会科学版），2022，54（2）.

② 贾丽丽. 浅谈中国佛经翻译发展史及其影响［J］. 英语广场，2017（9）.

中文教育领域标准及其规则制定的主导权和主动权。①②

2021 年 10 月，中共中央、国务院印发了《国家标准化发展纲要》，提出到 2025 年，我国标准制定透明度和国际化环境持续优化，国家标准与国际标准关键技术指标的一致性程度大幅提升，国际标准转化率达到 85% 以上。语言文字标准作为其中一个重要领域，需要在国际组织语言使用和国家语言能力建设中得到重视并加快发展。

国际组织语言政策是国家语言能力研究关注的重要方面之一，也是国家语言能力指数研究的重要指标之一，如 2021 年的指数体系中与国际组织语言相关的 3 个指标是拓展能力的重要衡量标准，2022 年新修订的指数体系将其作为二级指标影响力的评价标准。③ 国际组织语言政策象征性与实用性之间的矛盾和各组织在现实选择中的妥协体现了语言政策实施的复杂性，象征性是底线与基础，实用性是必需和趋势，本质上是国际话语权和软实力较量问题。我国要在国家语言能力建设中重视国际组织语言政策的研究，从各组织语言政策的历史演变和现实选择中发现其特点和发展趋势，将此作为相应语言政策和规划的制定依据。此外，国际组织语言政策的内涵和外延也需进一步明确，如与国际组织语言使用相关的语言景观、服务、产业等问题也可以纳入科学研究。国际组织人才培养关系外语专业教育、新文科建设、国家语言教育政策规划、区域国别研究等一系列重大现实问题，以这一问题为突破口，理顺各方关系，凝聚不同力量，打破发展瓶颈，是提高我国国家语言能力、助力中国语言文化全球传播体系构建的有效途径之一。④

三、完善国际中文在线教育模式

在新媒体浪潮的冲击下，单一化的纸媒教材和传统课堂已不能满足国际中文教育的教学需求，线上教学成为主流，中文课堂形式由此发生了很大改

① 徐晓晔，张新玲. 语言测试与教学融合、深化语言教育评价：第六届语言测试与评价研讨会综述［J］. 外语测试与教学，2022（1）.
② 教育部：鼓励国内职业教育机构、中资企业参与国际中文教育［EB/OL］.（2021 - 11 - 10）［2022 - 12 - 01］. https：//edu. sina. com. cn/l/2021 - 11 - 10/doc - iktzqtyu6453950. shtml.
③ 张天伟. 国家语言能力指数体系的发展与比较研究［J］. 外语研究，2022，39（4）.
④ 张天伟，陈练文. 国际组织语言政策与国家语言能力建设［J］. 云南师范大学学报（哲学社会科学版），2022，54（2）.

变。从线下到线上的转变，改变的不只是空间，也有教师的教学方式、学生的学习体验等。在线教育可能存在诸多现实问题，包括学生的参与度不够导致课堂互动无法实现、网络环境的优劣直接影响教学目标的实施、线上教学难以进行课堂管理等。这就使实时互动变得非常重要，原因在于网络课堂的实时互动可以帮助教师更好地了解学生知识掌握程度，能够及时反映学生的学习状态。面对网课中存在的各种问题，我们应采取有效的教学手段，为今后的课堂教学做好充分的应对措施。不同于线下课堂面对面的互动，线上教学由于缺少必要的语言学习环境，教师无法在第一时间获取学生的反馈，口语操练和情境对话等教学活动也可能会缺乏一定的趣味性和实践性。因此，如何在线上课堂中充分调动学生的参与度，激发学生的学习积极性，成为开展线上中文教学的巨大挑战。[1]

（一）影响因素

影响学生线上中文学习的内部因素可能涉及学生自身性格、学习动机、学习态度等，外部因素可能有网络环境、课堂语言环境和教学管理等。以学生性格为例，就内向型学生而言，教师要多给予关怀与鼓励，使他们树立信心，积极参与到课堂活动中来。[2] 对于外向型学生的线上教育，教师则要积极引导，提高学生的课堂专注力，同时，在交际练习时，注重从细节入手，及时纠正语法中的错误等，使学生养成良好的学习习惯。另外，线上教学相比课堂教学缺少一定的约束力，教师不能及时获得学生反馈，再加上部分学生对待口语课的消极态度，那么课程的教学质量很难得到有效保证。因为学生的学习动机不同，所以任务的完成效果也存在较大差异。那些学习动机不足的学生，可能既不愿意参与课堂练习，也不愿意在课下主动完成并提交作业。当课程任务没有得到完整反馈时，学生的学习效果可能也无从知晓。因此，国际中文教师应采取各种举措，制定一套系统的、适合线上语言教学的管理

---

① 黄冬丽，许芸青. 泰国线上中文口语教学研究：论"翻转课堂"的应用 [J]. 现代语文，2022（3）.

② 刘薇，王亚敏. 国际中文教师线上教学情感劳动特征研究 [J]. 云南师范大学学报（对外汉语教学与研究版），2022，20（4）.

方法，解决教学过程和学生学习中存在的实际问题。①

（二）线上教学方式

线上语言教学，教师通常会采用"直播""录播"或"录播＋直播"三种方式，不同方式带来的教学效果不尽相同。相比较而言，录播方式在线上教学中效果最差，在缺乏有效监督与激励的情况下，学生很少主动去观看录播课程，因此录播方式很难实现既定教学目标。在泰国及其他国家，直播是中文教师最常使用的在线教学方式，这种方式能够充分满足国际中文课堂中的实时练习与及时沟通需求。在以上教学方式中，"录播＋直播"是一项较为新颖的方式。教师可以大致完成两部分内容的布置：一是将课程录制完毕，并上传至学习平台，要求学生观看学习，教师在后台统计学生的学习情况；二是进行线上直播教学，帮助学生巩固知识，或者复习、练习。就录播课程来说，学生可以反复观看，对不懂的问题进行复习；就直播课程而言，不但可以进行口语训练、重点和难点知识巩固，而且可以通过师生的实时互动，了解学生对知识点的掌握情况，检查学习是否达到目标，并及时调整教学。三种线上教学方式各有优劣，结合使用可以优势互补。

（三）线上国际中文教学策略（翻转课堂）

在线上国际中文口语课堂中，还可以采取翻转课堂这一教学模式与策略，使学生得到充分的练习，通过任务型训练调动学生参与课堂的积极性。翻转课堂以学生在家看视频、听讲解为基础，教师主要是在课堂上进行问题辅导，或者为实验过程中有困难的学生提供帮助。② 这种教学策略使传统的"课堂上听教师讲解，课后回家做作业"的教学习惯、教学模式发生了改变，变成了课前自主听课、课上写作业模式，即"课前在家里听、看教师的视频讲解，课堂上在教师的指导下做作业（或实验）"③。这种教学方法优势诸多，因为

---

① 田华敏．小学音乐欣赏课型互动教学策略研究［J］．黄河之声，2018（2）．
② 巴丹，杨绪明，郑东晓，等．"汉语国际教育线上教学模式与方法"大家谈［J］．语言教学与研究，2021（2）．
③ 胡燕．翻转课堂教学模式的大学英语教学本土化研究［J］．管理观察，2019（35）．

其改变了传统课堂中以教师的"灌输"和学生被动听课为主的教学模式，强调学习的过程而非学习的结果，更加注重培养学生积极主动学习、动手操作、合作探究和分析解决问题的能力，是一种新型的学习方式。翻转课堂从学生本位角度出发，将以教师为主的课堂，转向以学生练习、讨论为主的课堂。由此可以看出，在国际中文在线教育中，翻转课堂模式值得尝试和推广。①

线上国际中文翻转课堂的教学过程可分为三个阶段：课前的自主学习、课中的课堂实践和课后的学习反馈。在每个阶段，教师、学生都承担不同的任务；同时，各个阶段环环相扣，前一阶段为后一阶段做好铺垫，最终实现运用中文进行交际的目的。②

课前采用录播，突出自主学习。教师首先要完成教案和教学课件的制作，并将课程内容录制成简短的视频。在录课时，教师需要留有足够的时间，让学生进行跟读、思考等，并注意口语知识讲解的灵活性，切忌照本宣科。教师需要督促学生打卡学习，实时监督学生的视频观看情况，并做好后台统计与记录。这一环节的主要目的是培养学生的自主学习意识。

课中采用直播，强调课堂实践。直播过程实际上就是正常的在线课堂，教师主要承担两个任务：一是检查课前学习，针对没有观看录播视频的学生和部分重难点知识再次进行讲解；二是根据口语操练主题设计具有趣味性、实践性的课堂互动，组织学生分组练习或进行情境对话等。这一环节的主要目的是提升学生的学习参与度，使其牢牢掌握课堂知识。

课后使用相关平台，进行学习反馈。教师应根据课程相关内容，设计具有针对性的语言练习任务。比如，这次学习的主题是节日，就可以让学生录制一段介绍中国传统节日的小视频。再如，学习的是课文，则可以让学生复述课文内容。这一环节的主要目的是检验学生的学习成果，及时获得学习反馈。

无论是从线上课程的便捷性、灵活性来说还是从中文教学的趣味性、实践性来说，将翻转课堂运用于线上国际中文教学，都是切实可行的。不仅如此，翻转课堂亦适合于国际中文口语的"精讲多练"方式，能够为学生口语

---

① 张飞. 开放大学翻转课堂教学设计研究：以《学前教育原理》课程为例［J］. 高教学刊, 2018（10）.

② 宋安然，林卿，李玉龙. 基于翻转课堂的单片机实验教学优化改革［J］. 中国多媒体与网络教学学报（上旬刊），2022（4）.

操练创造有利的条件；对于中文教师来说，这种教学模式也比较容易接受。为实现“直播 + 录播”和翻转课堂的有机融合，课前的录播就不是简单的课堂讲解了，课程中的直播也不是教师放手不管，而是让学生自己去练习。教师需要在课前做好预案，如学生在观看录播课程时会有什么疑问，提前规避可能会出现的问题；课堂上需要设计好教学内容，以生动形象的练习吸引学生参与到课堂当中；课后则需要布置作业，及时获取反馈，以此来检验教师的教学效果和学生的学习成果。由此可见，线上国际中文口语翻转课堂的应用，为完善国际中文教育提供了一项切实可行的教学模式，值得后续深入研究并付诸实践。①

（四）文化教学资源动态数据库

教学资源是国际中文教学的重要组成部分，对于教学活动有着十分重要的作用，理应整合与完善②，可以结合时代特征及外国语言学习者的接受心理建构教学资源更为丰富、资源更新更为及时的文化教学资源动态数据库。充足、优质的教学资源是国际中文教育事业发展的重要基础，当前，传统的纸质教材已无法满足国际中文教育领域新的发展需求。为了解决国际中文教育过简化、表层化及文化资源零散、封闭、静态的问题，提高国际中文教育的教学质量、中国文化的传播效率，有必要建设一个能够全方位、多层次、立体化呈现教学内容的文化教学资源动态数据库。③

对于外国学习者而言，文化教学资源动态数据库可以发挥“技巧、能力和知识的储存库”功能。从内容上说，理应囊括汉字、词汇、语法、句型、文化常识等知识性素材。同时，应具有教学辅助功能，如收录国内外与国际中文教育文化教学相关的各类文献资料，包括各类中国文化教材，以及适用于文化教学的数字化课程、文化体验课程、关于文化的媒体素材等。文化教学资源动态数据库不应是被动地展示知识，而应具有让学习者体验文化的功能。数据库可以用分布式技术建立快速搜索引擎，并增加智能分析、模块处

---

① 把玉琴. 国内基于翻转课堂的项目式教学研究综述［J］. 中国教育信息化，2017（16）.
② 于小植. 国际中文教育文化教学资源动态数据库的建设［J］. 沈阳师范大学学报（社会科学版），2022，46（2）.
③ 同②.

理功能，使其远离单一的信息陈列，成为集海量中国文化资源、智能信息呈现于一体的强大的新时代教学工具。文化教学资源动态数据库可分为四个子库：文化教学内容数据库、文化词汇数据库、文化教材及辅助教学资源数据库、"中国文化能力"测试试题库。文化教学资源动态数据库既需要内容丰富，又需要功能强大，可以通过设计创新性的搜索逻辑来实现搜索功能的智能化。一方面，要便于教师利用数据库快速搜索到所需要的教学资源；另一方面，要便于外国学习者利用数据库精准找到适合自己中文水平的学习内容。

新媒体时代，国际中文教育的文化教学需要文化教学资源动态数据库的辅助，原因在于数据库不但能为教学提供海量文字、图片、视频等多种形式的资源，而且具备智能的搜索模式与展示逻辑。从起点上，其能够根据学习者的中文水平选择适合的文化教材；在过程中，能够随时检测学习者的学习效果，通过多种媒介形式向学习者展示中国文化的内涵和熔铸于中国文化之中的中华民族精神，不断激发学习者的学习兴趣，提高学习效率。文化教学资源动态数据库的建设，能够在增加外国学习者对中国的了解、提高中国文化的国际影响力、促进不同文化间的交流、完善国际中文在线教育模式中发挥基础性作用。

（五）健全国际中文教育的相关法律法规

随着中文在世界范围内的逐步推广，国际中文教育发展需要健全相关法律法规。同时，孔子学院在海外运营存在与当地法律的对接问题，如果发生争议，国际中文教育事业将受到巨大挑战。此外，当下国际中文教学的壁垒严重，有些国家在多方面设置障碍，特别是西方国家对孔子学院的质疑声此起彼伏，甚至将孔子学院政治化，出现关闭孔子学院的现象。这一定程度上也是由于缺乏国际和国内相关的法律制度，中文教学在走出去的过程中遭遇了层层阻碍。

完善国际中文教育的法律法规是保障语言文化传播的有效手段之一，也是促进语言教育发展的基础。孔子学院之所以迅速发展，其完善的制度起到了至关重要的作用。以孔子学院相关规章制度为借鉴，在中外中文教学教育机构及合作办学的教育资源整合方面，都要先解决法律法规与现实发展情况不符的矛盾。采取健全我国相关教育教学条例、完善孔子学院内部管理机制、增强法律国外运营的适用性等措施，健全国际中文教育的法制，完善管理架构，可以确保中文教学在国外顺利进行。

（六）创新教学模式与课程

国际中文教育正面临着全新的局面，我们必须转变传统教育思维，逐步突破线上教学直接套用线下教学模式的做法，建立更符合形势变化的"互联网 + 中文教学"的全新教学模式，并逐渐将该模式转变成中文教学阵地的主角。中文课程可与高校各院系合作，进行跨学科教学，如与法律、商贸、生物技术等院系联合，共同开办专业中文课程，为各个行业国际合作与发展培养专业的中文人才。注重科技创新，奖励、扶持教育科技公司设计、研发智能中文教育、智能中文服务等应用程序，及时推出有特色的语言产品，促进国际中文教育与数字经济融合。

（七）利用自媒体短视频传播中华文化

文化教学是国际中文教育的重要组成部分，自媒体的发展对文化教学产生了一定影响。优秀的自媒体视频对学习者有激发中华文化学习兴趣、加深对中华文化的理解、培养跨文化交际意识等作用。在这个几乎人人都有手机、人人都能上网的年代，自媒体视频逐渐成了一种随处可见的信息输入方式，热门的网络视频平台有 YouTube、哔哩哔哩、抖音等。①

自媒体短视频时长一般在 10 分钟左右，较长的视频可能会达到 20 分钟。与语言输入不同的是，在这短短的十几分钟时间里，视频所呈现的内容是多种多样的，每一次镜头的切换都是在传递新的信息。视频中出现的自然风光、中华美食、特色服饰等，无不在展示着中华文化与众不同的一面。这类视频在一定程度上会吸引观看者，使其产生共鸣。而对于中文学习者来说，这也是一种间接了解中国文化、激发学习兴趣的途径。这种丰富多彩的展示方式，从视觉和听觉多方面刺激着观看者，使观看者产生继续观看的想法。此外，

---

① 贾鑫炎.自媒体短视频在国际中文教育文化教学中的应用研究 [J].汉字文化，2022（6）.

这种通过视频讲述的方式也可以在一定程度上降低理解难度，从而更易激发学习者的兴趣。①

这些视频既有一定的科普性，也具有趣味性。观看这类带有中华文化元素的视频，学习者可以在潜意识里理解文化元素内涵，品味中华文化。此类视频既可以使学生了解到相关文化类的知识，也可以将其视为一个窗口来了解其他国家、其他民族的人对于中国文化的看法，从而学会从跨文化的视角来进行交际。这些视频蕴含了丰富的跨文化交际内容，如其中所体现的价值观、交际方式、风俗习惯等，一方面可以了解跨文化知识，另一方面也能够产生跨文化交际意识。在课堂上将这些视频作为教学素材，能够更好地帮助教师讲解中华文化，并且有利于学生对中华文化形成鲜明独特的印象。教师可以利用视频加以引导，辅以一定的讲解，也可以设置专题讨论或者请学生发言，培养学生的跨文化交际意识，使学生感受到跨文化交际的重要性。

（八）自媒体短视频应用于中国文化教学的策略

1. 选取适合的短视频作为文化教学材料

一方面，选取的短视频所介绍的文化应该是积极的、具有代表性的。短视频产生于网络，内容良莠不齐，因此，国际中文教育教师要有判断意识，选择介绍我国优秀的、具有代表性的文化内容。例如，一些关于社会陋习、封建思想的短视频不宜在课堂上播放讲解。还应当注意，有些视频整体内容没有问题，但可能会涉及一些非主流、缺乏代表性的文化。面对此类视频，如果不加以介绍，只是单纯播放的话，就可能使学生产生误解。

另一方面，选取的短视频的中文介绍部分应该篇幅得当，并且不宜过难，要符合学生的中文水平。有一些自媒体视频的博主会讲方言，或者普通话不太标准，也有一些纯视频记录没有语音讲解的视频，如果播放这种视频，虽然可以在一定程度上让学生了解和学习中国文化，但少了讲解的部分，学生理解起来有困难，教师的任务量也会增加。同时，如果视频的中文部分过少或发音不标准，也不利于学生学习。另外，教师应根据学生的中文水平，选择适合

---

① 孙静，俞珍，王智华. 民俗文化翻译中的文化"失真"与"传真"[J]. 湖州职业技术学院学报，2020，18（2）.

学生的教学视频：如果是初级或低年龄段的学生，可以选择记录偏多的视频，如一些摄影师拍摄的视频；相反，如果是中高级的学生，可以根据学生具体的水平选择中文介绍较多的视频。

2. 选择恰当的教学方式

一方面，教师应该就所学、所要了解的文化给学生做相应的介绍。课堂上应给学生点明今天要学的文化内容。比如，要介绍中国各地饮食文化，教师就可以在课前让学生收集中国各地区饮食习惯的相关资料，然后在课堂上让学生分享并且做简单介绍，之后再播放相关美食节目的视频。这样既可以使学生有目的地观看视频，也可以确保学生在观看视频前有一定的知识储备，从而发挥文化视频教学的最大效果。与此同时，教师还应该提前就视频中可能出现的文化分歧内容做好讲解，避免产生文化矛盾。

另一方面，引导学生注意视频中的重要细节内容。视频能够在一定程度上提高学生的注意力，但是也会出现学生过度关注视频形式而忽略视频内容的情况。因此，在视频播放的过程中，教师应该在关键处给学生以提示，通过讲解、提问等方式提醒学生注意视频内容。视频播放结束之后，教师可以通过讨论发言、个别提问、小组合作等方式对学生的理解过程进行监控和调整，也可以通过布置课后作业的方式来检测学生观看视频的学习效果。[1]

四、推进“中文＋职业技能”教育模式

随着我国对外开放的不断深入，推动国际中文教育与职业教育“走出去”融合发展，在海外实施“中文＋职业技能”教育具有十分重要的意义。构建“中文＋职业技能”教育高质量发展新体系，需要强化内涵建设，坚持标准引领，重视科技赋能，加强调查研究，因地制宜做好项目试点，切实增强全球适应性。[2]

随着“中文＋”培养观念的逐步树立并深入人心，“中文＋”被纳入不少相关中文机构的发展规划，“中文＋”教学也有了诸多积极尝试。目前，“中文＋”培养模式还未形成完整的培养体系，培养质量不高与社会对高素质复合型人才的需求是其中一大矛盾。以市场需求为导向，培育一批优秀的

---

① 贾鑫炎. 自媒体短视频在国际中文教育文化教学中的应用研究［J］. 汉字文化，2022（6）.
② 教育项目研究组. 构建“中文＋职业技能”教育高质量发展新体系［J］. 中国职业技术教育，2021（12）.

"中文 + 职业技能"复合型人才，是当前国际中文教育面临的新课题。只有建立具有更强针对性、实用性的"中文 + 职业技能"复合型国际化人才培养体系，才能真正实现国际中文教育由规模扩大向以质量发展为导向的内涵式发展的转变。[①]

传统的国际化人才培养模式主要集中于对中文的教授及对中华文化的传播。在这种模式下，我国培养了一批知华友华的国际化人才。国际化人才培养是一项长期工作，要想令国际学生更好领会中华文化的内涵和精神特质，并成为弘扬新时代中国先进文化的使者，则需要将人才培养模式与国际学生的专业甚至职业发展联动起来，让"中文 +"教育助力国际学生实现终身发展。

（一）加强政策支撑，全面提高"中文 + 职业技能"教育的政策保障和可持续发展能力

继续做好统筹协调、政策引导、监测评估，做好与职业教育"走出去"试点等项目的衔接与合作。将"中文 + 职业技能"国际推广基地建设纳入国际中文教育实践与研究基地发展规划统筹考虑，充分调研论证，完善体制机制，科学制定发展规划。寻求多元、多渠道合作，建立成熟的项目管理运行机制和服务保障体系。按照"市场主导、政府支持、多方参与"的整体架构，形成职责明确、规范高效的运行管理模式和有力的保障机制。注重运用多种方式，充分调动外方政府、机构的参与积极性，形成共赢局面。

（二）构建合理的国际中文教育培养模式和课程体系

近年来，随着中国经济的持续发展和国际地位的不断提高，中文在全球经济贸易活动中发挥的作用日益凸显，受到各国政府及社会各界的重视，国际中文教育也迎来最佳发展时期。国际中文教育在抓住时代机遇实现较快发展的同时，也面临着一些挑战和困境。研究中文教学的目标、内容、形式以及师资等方面存在的问题，构建合理的国际中文教育培养模式和课程体系，成为当务之急。课程体系是实现人才培养的重要依据与路径，全面、完善的

---

① 彭增安，张梦洋. 传播学视阈下的国际中文教育主体研究 [J]. 河南社会科学，2021，29 (2).

课程体系对人才培养质量具有极强的指导作用。"中文＋职业技能"理念虽已深入人心，但课程体系尚未健全，在课程设置方面也缺乏参考依据，进而影响了人才培养质量。分析"中文＋职业技能"人才培养现状，瞄准国家重大需求，结合学生个人成长，以及新形势下国际化人才培养的新理念，突破传统课程体系范围，借鉴世界语言教学发展前沿经验，构建服务国际中文教育的更有针对性、实用性的"中文＋职业技能"教育新型课程体系，是满足当下国际中文教育推广迫切需求的必然举措。

（三）建立"中文＋职业技能"教育的专业评价体系

"中文＋职业技能"教育作为不断发展的专业教育，需要有完备的评价标准，以判断专业是否符合国际化人才培养的客观规律并满足社会发展需求。[①]目前，在国家经济结构和产业结构加快调整的新形势下，可从专业设置、结构及专业人才培养质量等方面入手，建立"中文＋职业技能"教育专业评价体系，通过现状调查与分析，明确人才培养目标，优化专业结构，加强国际化及"双一流"建设，提高人才培养质量。[②]

（四）加强调查研究，因地制宜做好项目试点

积极开展"中文＋职业技能"教育国别调研，对所在国职业技能培训、现有职业技能证书以及相关法律法规等进行研究，确定分国别、分领域整体实施框架和分阶段实施方案。同时，继续选择试点国家、试点领域，通过建设中文工坊等方式推进"中文＋职业技能"教育。结合海外市场需求，联系"走出去"中资企业与国内证书评价组织，筹备开发"1＋X"证书海外版，在具备条件的地区考虑职业技能证书和国外大学课程学分体系融合，促进学业证书和职业技能证书衔接，推动实现学分互认。[③]

---

① 刘必旺，谈颖. 高职院校"中文＋职业技能"境外办学实施路径研究［J］. 职业技术，2022，21（2）.
② 饶燕婷. 美国高校专业设置及调整机制研究［J］. 大学（研究版），2018（11）.
③ 教育项目研究组. 构建"中文＋职业技能"教育高质量发展新体系［J］. 中国职业技术教育，2021（12）.

（五）联合中外合作高校培养"中文＋"复合型人才

非洲孔子学院应充分发挥中外人文交流平台的优势，把培养非洲经济社会发展所需人才作为一项重要工作。在培养实用性人才方面，中非高校各有优势，孔子学院作为中非高校教育合作平台，应加强中非高校的交流与合作。《中非合作论坛—北京行动计划（2019—2021 年）》指出，继续实施"中非高校 20 + 20 合作计划"，搭建中非高校交流合作平台。孔子学院可以从"中文＋"复合型人才培养项目入手，联系中外方职业技术培养优势高校，加强合作，联合培养复合型人才。例如，可以实施"2 + 1 + 1"项目，即学员在孔子学院学习中文 2 年，在本土高校和中国高校各学习专业技能 1 年，使学员既具有中文和中国文化背景，又具有较高的专业技能水准。

五、增强国际中文教育系列品牌创新与传播力

国际中文教育是语言作为公共产品的一种国际化供给重要形式，其中有两对关系至关重要：第一对关系是供给和需求，第二对关系是投入与产出。中文的价值和效用对应的是中文教育的市场供给和需求，中文的费用和收益则说明中文进入市场后需要考虑供给双方的投入与产出。[①] 只有丰富中文作为公共产品的多类型、多层次供给，才能不断激发国际中文教育的市场活力，持续提升国际中文教育系列品牌传播价值。

有学者研究了国际中文教育发展的营销现状并给出了营销策略建议——学习和借鉴他国语言推广机构的经验，结合我国国情，有针对性地制定中文国际推广对策，突出特色和优势，打造自身品牌，积极推进中文的国际推广与传播。[②]

"汉语桥"系列活动是孔子学院举办的中文国际传播品牌项目。国家广播电视总局和中央电视台多年来持续播出世界大学生、中学生"汉语桥"中文比赛实况，扩大了"汉语桥"的知名度和影响力。就孔子学院来说，既然孔

[①] 惠天罡.国际中文教育供给侧优化的理论依据与发展路径［J］.首都师范大学学报（社会科学版），2022（1）.

[②] 朱琳.国际视野下汉语推广的比较研究［D］.重庆：西南大学，2011.

子学院肩负着传播中文及中国文化的重任，那势必要进行有效的市场营销，做好品牌营销与推广，但孔子学院在这方面的工作并不是非常完美。①

国内大部分对外中文培训机构属于民办的小型企业模式，企业规模多在50人以下，资金少，师资力量薄弱，起点低。同时，对外中文培训市场高度分散，知名品牌不多。正是企业规模小、资金少、师资力量薄弱、市场扩张能力不足，对品牌建设的重视程度也不够，导致缺乏品牌认知度，从而影响了企业的整体竞争力。品牌建设与品牌维护上的不足，使我国对外中文培训机构只能在低端市场中运作，一直维持着中小型的状态而无法发展壮大。在竞争日益加剧的条件下，对外中文培训机构要想取得长期、快速发展，就必须创造自己的品牌，在整个行业内拥有一定的知名度和良好的品牌信誉。

（一）凸显中文作为公共产品的消费属性

将传统和现代、现实与未来结合起来，革故鼎新，兼收并蓄，是国际中文教育持续发展所要遵循的重要原则。虽然中文的书写系统不好掌握，但阻碍它成为全球性语言的主要问题是缺乏与流行文化、科学和技术、教育和研究的联系。因此，中文应该呈现中华传统文化的精髓，这是特色，也是本色，中文还应该呈现人类当下重要的"新知识、新概念、新思想、新科技和新表达"。因此，我们应充分激发中文融入时代文化、当地文化和产业文化的活力，促使国际中文教育进一步融入流行文化、流行媒介、流行产品和现代科技。在供给内容和形式上，国际中文教育既要继承优秀传统文化的精髓和要义，也要趋同于流行文化的元素、当代科技和全球化的热点问题，将蕴含中国元素的故事和叙事方式普世化、当地化，凸显中文作为公共产品的消费属性。②

（二）优化国际中文教育的全球布局

国际中文教育在全球层面的布局，可以参照几个重要指标，如地缘、文

---

① 王金秋. 汉语国际教育市场发展现状及营销对策研究［D］. 苏州：苏州大学，2017.
② 惠天罡. 国际中文教育供给侧优化的理论依据与发展路径［J］. 首都师范大学学报（社会科学版），2022（1）.

缘、商缘、亲缘、政缘等，即地缘相近、文缘相容、商缘相通、亲缘相连、政缘相依等。具体来说，地缘相近是就中国与他国的地理位置关系而言，文缘相容是就中华文化与他国文化的关系而言，商缘相通是就中国与他国的经贸合作而言，亲缘相连是就中国与他国的共同情感、相似历史遭遇及其相同利益诉求而言，政缘相依是就中国与他国政治合作互信而言，等等。

（三）建构产品与服务矩阵，进一步提升国际中文教育供给能力

从课程供给的针对性来看，国际中文教育供给大致可分为三类：第一类是"中文即专业"的产品与服务供给。此种类型中，中文是供给内容的重点，如学习者的主体课程就是中文及其文化课程。第二类是"中文＋专业"的产品与服务供给。此种类型中，某个专业是供给内容的重点，中文是媒介，学习者用中文学习某种专业知识，为其加入某种行业奠定理论基础，如学习者用中文学习哲学专业、管理专业、经贸专业、计算机专业等。第三类是"中文＋职业"的产品与服务供给。此种类型中，学习者对中文的投资是以获得经济收益为目的的语言技能资本投资。此种类型的市场供给精准度最高，如"中文＋网店运营""中文＋电子商务""中文＋旅游服务"等。以上三类供给虽有差异，但也具有共同特点，即都能帮助学习者提升中文的实际应用能力。

目前来看，第一类的供给精准度尚需提升，服务于中文教育及其文化交流的专门型人才培养，以及满足海外华裔的传承民族文化根脉的学习需求可能是第一类供给的主要发展方向。第二类的供给需求随着中文教育国际化的发展逐渐升温，但供给的力度和深度都还有很大提升空间。第三类的供给虽有较大发展，但与行业和职业的市场融入度还有待提升，基于区域特点和用户需求的当地化供给的市场发展空间更大。

（四）持续提升国际中文教育系列品牌传播价值

在国际中文教育的不同方面和各个环节加强品牌建设，借助跨文化品牌服务能力与影响力做好国际中文教育各个层次的供给与服务，将为国际中文教育的供给提质增效。如今，国际中文教育体系中已经逐渐创建了一些品牌，包括"汉语桥"比赛、HSK系列考试、国际中文教师志愿者项目等，这在推

进中文教学标准化、当地化发展，增强中华文化影响力等方面发挥了重要作用。今后，应进一步加强国际中文教育的品牌建设与发展服务，进一步挖掘品牌内涵，提升品牌形象，加强品牌协同，拓展市场空间，增强品牌影响力，增加品牌附加值。① 应重视教育用户低龄化、教育领域行业化、教育方式智能化、教育模式当地化等趋势与特点，围绕"中文教育＋融媒体""中文教育＋国际合作""中文教育＋双边外交""中文教育＋中华文化走出去"等融合模式，深度挖掘已有品牌价值，积极创建全新品牌，进一步推动国际中文教育在经济全球化、区域合作一体化、文化全球化、教育国际化中有更大发展。

（五）教育市场向多元化发展

中国教育市场本身就处于一个动态的、不断变化的发展过程，从无到有，从少到多，从小到大，从简单到复杂，从单一到多样化，从区域性、地方性到跨省乃至跨国界。国际中文教育市场作为中国教育市场的一部分，自然也受到这种客观规律的影响，在发展中顺应这种多元化的发展变化趋势，就使国际中文教育的市场具有更大的发展空间和潜力。比如，孔子学院就是我国中文教育市场向海外扩展的重要途径，是国际中文教育市场全方位发展的重要一环。教育市场的多元化发展有利于国际中文教育市场规模不断扩大，教学品质不断提高，品牌效应不断增强。②

（六）增强孔子学院在当地建立多方合作

与当地政府、高校、企业、媒体和民众建立多方合作关系，不仅能为孔子学院提供更多的资金和渠道的支持，也有利于促进孔子学院品牌在当地的推广，扩大孔子学院的社会影响力，提升孔子学院在当地的认可度、信任度、声望及地位。③

---

① 段鹏．历时、共时及经验：国际中文教育及传播应用研究［J］．西北师大学报（社会科学版），2022，59（4）．
② 王金秋．汉语国际教育市场发展现状及营销对策研究［D］．苏州：苏州大学，2017．
③ 伍晨辰．美国孔子学院可持续发展思考（2004～2022）［J］．云南师范大学学报（对外汉语教学与研究版），2022，20（3）．

孔子学院要利用好其在学科上和地方社区上的优势，有针对性地选择相关企业进行合作。这种合作不仅体现在语言和文化上，还应该涉及科技、商业方面，使合作进入核心领域，这样才能实现双赢。一方面，通过与当地企业的合作，孔子学院能够获得更多的资金支持，也能提高自身在当地的影响力。孔子学院也要为当地企业与中国企业的合作搭建桥梁，根据市场需求设置更加多样性的课程，如商务汉语、高级翻译、国际贸易、商业道德等，抓紧培养高端翻译人才，满足企业聘用员工的要求以及中外双方企业贸易合作交流的需求，招收更多具有针对性的人才，以便为企业提供咨询和培训服务，进而推动中国企业与该地区的长期合作。另一方面，企业也可以为孔子学院的学生提供实习机会，并择优聘用，这样更能提高孔子学院的品牌效应，吸引更多的学生前来就业。

（七）发挥高校品牌效应，创新联动模式

为促进中文国际传播的进一步发展，国内高校自身应该努力提高学校的教育教学质量和科研水平，进一步打造世界知名品牌。当前，中国高校的排名和品牌知名度还有待提升。与亚洲和非洲的部分发展中国家相比，中国高等院校对发达国家学生的留学吸引力相对较低。因此，国内高校要想形成良好的口碑，赢得留学生的称赞，就必须努力提高学校的教学水平与教学质量，提高各专业在世界的排名和品牌影响力，提升高等教育国际影响力与软实力。

各大高校可与世界知名高校建立合作关系，加强合作和人员往来，形成品牌联动机制，更重要的是，要学习外国名牌大学吸引留学生、市场营销推广等方面的先进经验。此外，要努力让国外的中文教学机构成为了解我国高等教育尤其是中文专业的窗口，以此让中文教学机构的中文学习者来中国留学。通过国内外大学的品牌联动，让更多外国学生作为语言短期交换生来到中国学习交流。

另外，高校建立网络课堂可以吸引一部分来华务工人员学习。最重要的是，网络的便捷性有助于无法前来中国留学的中文爱好者学习中文，从而扩大国内高校的潜在留学生生源，也有利于高校的品牌推广以及国际中文教育市场的扩大。而参与高校网络教学的教师，除了院校的教授，还可以安排学

校国际中文教育专业的学生，这也有利于提高学生的教学实践能力，为以后的国际中文教育工作增添本领。

六、加强本土中文教师培养

充足、优质的教学资源是国际中文教育事业发展的重要基础。随着国际贸易往来的更加紧密，国际中文教育的重要性和实用性逐步增加。各国贸易频繁往来，需要不同层次的中文专业人才来处理日常工作，国际中文教育专业人才需求量巨大，因此需要大量专业的国际中文教师。很多在海外设立的孔子学院也缺乏专业的中文教师，对专业人才的需求量日益增加。

新时代背景下，国际中文教师队伍建设在培养方式及规模数量上均无法满足国际中文教育的发展需要。为适应国家政策，应开展对口输送中文教师的相关培养工作，通过专业培训使这些教师对不同国家的风俗民情、语言文化有深入的了解。大力培养"中文＋职业技能"专业型中文人才，使其了解各专业知识和专业术语，从而具备教授专业中文的教学能力。[1]

建设国外教师队伍，鼓励国外本土教师到我国进行短期交流培训。国外本土教师任期相对稳定且掌握当地语言，有效整合国外本土教师资源，可以使其更好地为国际中文教育发展服务。[2]

七、探索国际中文教育市场运行模式

以市场为导向、符合市场机制的国际中文教育资源建设，应满足国际中文教育事业的发展需求，做到资源最优化、资源利用最大化。资源的市场价值和社会价值并不是矛盾的，二者的统一能够在优质资源的建设中实现。[3]

---

① 田和."一带一路"背景下国际中文教育的发展策略研究［J］. 汉字文化，2022（4）.
② 郝焕香. 文明与文化视野下留学生话语共同体构建路径［J］. 汉字文化，2022（4）.
③ 赵杨，万众. 建设面向市场的国际中文教育资源［J］. 国际中文教育（中英文），2021，6（4）.

（一）国际中文教育市场发展优势

1. 政府政策支持

我国非常重视国际中文教育工作和中文的国际传播与推广，在中文走向世界的这一战略上有明确的批示与要求，成立了很多致力于中文国际传播的相关部门。同时，政府一直在持续推动这一事业发展，除了政策上的连贯性，这一领域一系列法律法规的出台，为这一事业的健康发展提供了政治保障。我国国家领导人历来重视中文的国际教育与传播工作。① 比如，国家领导人多次参与孔子学院的授牌、挂牌仪式并作出重要讲话。全球孔子学院建立十周年暨首个全球"孔子学院日"，国家主席习近平致信表示，孔子学院属于中国，也属于世界。中国政府和人民将一如既往支持孔子学院发展。

2. 经济力量支持

中外多边经济贸易的发展需要中文这一语言工具的服务，经济的发展有利于提高中文的使用率和普及率，我国经济的持续发展为我国国际中文教育事业的不断推进提供了雄厚的经济保障，产业国际竞争力大幅提升，同时政府对于这一事业持续不断加大投入，让我们的语言推广机构得以迅速扩张与发展，也进一步坚定了我们推进这一事业的信心。此外，中文的国际传播也有利于打破经济贸易中的语言障碍，促进中外多边经济合作，二者相辅相成、互相促进。

3. 市场需求大

随着世界多极化趋势的加速发展，中国在国际上的地位不断提高，中国正发挥着越来越重要的政治影响力和国际号召力。随着经济文化交流的不断深入，越来越多的外国人渴望来到中国并了解中国，他们渴望学习中文并了解中华文化，这为我们事业的发展提供了广阔的市场。中国稳定的政治环境、迅猛的经济发展、巨大的文化向心力等，都是吸引周边国家以及"一带一路"沿线国家和地区学生来华学习中文或在当地孔子学院学习中文的重要因素，扩大周边国家来华留学生生源，有利于进一步促进国际中文教育市场的开发

---

① 王金秋. 汉语国际教育市场发展现状及营销对策研究［D］. 苏州：苏州大学，2017.

和中文国际传播。①

（二）国际中文教育市场发展的不利因素

1. "三教"问题

中文国际推广在"教材、教师、教学"三个方面亟待提高。②

（1）教材方面

我国出版的大多数对外中文教材模式比较单一，多是按照中国传统教材编写方式进行编写，并不一定适合外国学生的学习习惯。最近一些年我们在对外中文教材建设方面投入了大量的经费，也涌现出了一系列优秀的教材。但是，这些教材仍存在内容陈旧单一、可读性不强、枯燥无味、系列化程度不够、市场细分与渠道下沉不够、配套产品跟不上等一系列问题。同时，大部分的对外中文教材按照初级、中级、高级等层次划分，缺少幼儿、小学、中学和大学以及自学等层次分类的教材。教材的功能也比较单一，缺少工具书等辅助性教材。此外，大部分的对外中文教材多是英、法、日、韩等语种的翻译对照版本，而没有配套的小语种版本。对于小语种的中文学习者来说，只能使用通用型的中文教材，或者中文教师自己编写的教材。另外，教材内容更新慢、缺乏时代性。这是对外中文教材的通病。很多教材中的词汇、语句过时了也不更新，使很多外国人使用中文不地道，打击了外国人学习中文的积极性，还会在一定程度上影响人际交流与交往。我国的对外中文教材形式相对单调，大多是纸质版，而发达国家的教材形式多样，多媒体的应用更为普遍。因此，应该丰富我国对外中文教材的形式，开发更多应用多媒体等形式的教材，以方便对外中文教学工作的开展和中文的国际传播与推广。教材编写中存在的问题在一定程度上影响着对外中文教学的课堂效果，制约着中文的国际传播和推广。

因此，中文教学工作者应该重视教材编写问题，提高教材编写质量，注重本土化教材编写，让教材更具针对性、科学性、趣味性和时代性，为中文的国际教育和传播做好必要的准备。针对这些问题，我们可采取的措施有：①针对国别编写不同文化背景下的不同教材，进一步提高教材对于目标国家

---

① 王金秋. 汉语国际教育市场发展现状及营销对策研究［D］. 苏州：苏州大学，2017.

② 袁凌. 基于国家软实力构建的汉语国际推广策略研究［J］. 文化创新比较研究，2021，5（31）.

的适应性；②进一步进行市场细分，编写听说读写及针对商贸、科技、文化等各领域的系列教材，并统一其编写标准，以统一的产品形态及店面展现形式出现；③引入互联网思维，多多建设中文学习相关网站与论坛，树立中文学习典范，完善教材的各项配套资源；④参照英语的雅思、GRE（留学研究生入学考试）、托业等考试形态，进一步细分现有的 HSK 考试形式，丰富考试品种，并与世界各大学及机构合作，增加世界各地的中文考试考点。

（2）教师方面

这一领域我们供需失衡的问题非常突出。全球中文学习者人数高速增长，对外中文教师缺口大。有关数据显示，从 2013 年之后孔子学院注册学员的同比增速就开始远远高于外派中方院长、教师、志愿者的增速和中外兼职教师的增速。到 2016 年，注册学员和中外专兼职教师的增速差距缩小，但外派中方院长、教师和志愿者的增速却变成负增长，师资差距增大，一直处于供不应求的状态。整体来看，孔子学院师资力量的年均增速依然低于注册学员的年均增速，师资力量短缺问题一直以来没有得到缓解。据统计，海外从事中文教学的教师 90% 为非国际中文教育相关专业的毕业生，而国内却有 90% 的本专业毕业生转行从事其他行业，这两个 90% 造成了本专业人力资源的巨大浪费以及海外优秀中文教师资源极度缺乏的局面。①

可采取的几项举措包括：①加大公派对外中文教师与中文教学志愿者的力度；②完善国内的对外中文学科建设，加快人才培养步伐；③进一步出台相关意见与草案，推动国内与国际对外中文教师人才培养及相关从业证书的获得；④走市场化路线，进一步提高对外中文教师及相关从业者的薪酬待遇及相关福利保障。

（3）教学方面

我国国际中文教育市场中，对外中文培训机构的教师门槛不高，如不需要有很高的教育背景，对教学能力和教学经验的要求也不高等。这就使得这些教师既有国际中文教育专业的本科或硕士毕业生，也有非中文专业的、没有接受理论知识和教学技能专业训练的社会人员。对外中文培训机构教师能力的参差不齐，必然会降低教学质量，影响对外中文培训机构的形象。同时，对外中文培训机构还存在教师流动性大、忠诚度低的问题。许多对外中文教

---

① 王金秋. 汉语国际教育市场发展现状及营销对策研究［D］. 苏州：苏州大学，2017.

师是兼职性质的，即使全职也会在不同的机构代课或频繁跳槽到薪酬更高的机构。除此之外，国内对外中文教师的薪酬待遇不如英语等其他语种的培训教师，造成对外中文教师的大量流失。

应对措施：①可以增设对外中文教学机构，除孔子学院外，可根据各国的国情，在一国之内酌情建设几个规模较大的中文文化学习基地，完善中文学习的相关形式，加强文化感染力；②寻求当地华人华侨的协助，多开展文化节等大型公益性文化活动，引导本地舆论的发展，使中文教学尽量走机制化、常态化发展之路；③创新中文教学的传播手段，着力提升教学的科技文化含量，引入物联网等先进技术，推动中文教学大平台与大数据的建立，形成一个完善的中文教学资料库，不断完善自身的教学方法与教学产品形式，推动"中文教学云理念"的实现，为世界各地中文学习者和中文教学工作者构建一个能够提供及时、优质的教学资源的多渠道、多层次、多媒体服务网络体系；④培育与引导中文教学需求市场，提高中文在国际化场合如联合国会议、双边经贸洽谈、大型体育赛事等领域的使用量；⑤创新中文传播机构的管理形式，以市场化路径为推动力，着力推动形成一个资源合理配置并能适应市场化具体需求的，不断自我完善、自我约束与自我管理的机制。

2. 法律法规不健全、管理效率不高的问题

国际中文教育市场快速发展的同时，也存在着相关法律法规不健全的问题。目前并没有太多相关法律对国际中文教育市场进行制约，这必然会让一些人钻政策及法律的漏洞。此外，法律在贯彻执行过程中，也经常出现监督管理不到位的现象，这就导致相关部门在出现问题时相互推诿扯皮，而后果是影响国际中文教育市场在国内外的声誉，破坏中国形象。目前我们国内的对外中文教学以及海外的中文教学都或多或少存在着分散、不集中的特点，尚缺乏一个高效的协调机制以及一个统一的、明确的评价标准，同时，相关部门对国际中文教育市场的管理相对疲软、管理定位不当，教育部中外语言交流合作中心的成立虽然发挥了一定的作用，但实现市场化运营和管理还有很长的一段路要走。

3. 中文在国际语言生活中还不占优势

从国际会议及语言的普及程度来说，中文目前在国际语言生活中还不占优势，将中文作为国家通用语言的国家或地区还比较少，同时我们也缺少有效的文化传播手段，自身所拥有的文化产品传播形态还比较单一。

4. 产业化程度不高、市场营销水平低、服务落后等问题

我国中文国际推广事业起步较晚，虽然孔子学院等语言机构的数量有了显著提高，但仍缺乏深耕细作，且目前的运营管理模式还比较粗放，存在产业化程度不高、市场营销水平低、服务落后等问题，且以政府投入为主，离走市场路线的要求还有很长的一段距离。①

（三）国际中文教育市场的发展机遇

目前我们能抓住的机遇：第一，中国经济的快速发展及中国国际地位的不断提升，对于发展国际中文教育来说是一个机遇，这将在一定程度上拓展国际中文教育市场，促进中文国际传播的发展。② 第二，在提升自身软实力方面，中国对于中文的国际化有着迫切的需求。第三，中国在科教文卫各项事业中的发展为中文国际化水平的提高提供了持续的动力。第四，中国在自身语言文字方面的进步为中文走向世界打下了良好的基础。第五，我们目前面临着以下几个领域转型提供的机遇。一是从对外中文教学向全方位中文国际推广转变，教育市场向多元化发展；二是从"请进来"学中文向同时加大中文"走出去"力度转变；三是从专业中文教学向大众化、普及型、应用型教学转变；四是从主要靠教育系统推广向系统内外共同推广转变；五是从政府行政主导为主向政府推动、加强市场运作转变；六是从纸质教材面授为主向发展多元媒体网络等多样化教学转变。③④

（四）国际中文教育市场的营销策略建议

1. 对孔子学院市场发展的营销建议

（1）细分市场，体现政府主导与市场需求相结合

孔子学院要想在全世界遍地开花，就必须做好市场细分工作，针对不同

---

① 周磊. 基于文化产业发展背景下的汉语国际推广市场化途径探究 [D]. 西安：西安外国语大学，2014.

② 王金秋. 汉语国际教育市场发展现状及营销对策研究 [D]. 苏州：苏州大学，2017.

③ 吴勇毅. 国际中文教育"十四五"展望 [J]. 国际汉语教学研究，2020（4）.

④ 李泉. 中国对外汉语教学七十年 [J]. 语言战略研究，2019，4（4）.

国家在政治、经济、文化、风俗习惯和社会环境等组成上的差异，由政府主导，规划孔子学院的布局。① 同时，还要根据不同国家的当前市场需求和潜在市场需求量以及受众的语言需求、学习行为等，对不同的子市场实施不同的中文国际传播营销策略，将政府主导与市场需求相结合，面向不同的国家和地区来传播中文和中国文化。

孔子学院在规划建设时还要充分考虑所在国的经济情况，如是发展中国家还是发达国家，以及该国人民的平均收入水平、收入的分布情况、购买能力和消费方式等。例如，我国可以加大对"一带一路"沿线国家和地区孔子学院的建设力度，让语言与文化的辅助服务跟上经济发展的步伐，通过语言的互通和文化的互信来减少贸易过程中的摩擦，打破贸易壁垒，从而更好地实现合作共赢、互惠互利。

文化因素也十分重要。在文化教学中，观看影视剧、文化综艺节目等可以直观地了解中国的历史、传统文化、当代国情等，培养外国学生对中国电视剧浓厚的兴趣，为中国影视剧树立良好的口碑，提高中国传统文化的国际影响力。孔子学院在影视剧输出方面可以发挥其应有的作用。中国经典名著等文学作品饱含中国深厚的古典智慧，近现代也有许多优秀的文学作品可以深刻地反映我们国家一段时期内的基本国情和社会现象，孔子学院可以将其推荐给中文水平非常高的外国人或者研修中国语言文学等相关专业的外国留学生。还有一些优秀的网络文学，题材更是丰富多彩，武侠、玄幻、宫斗、穿越、竞技、言情等，语言简单易懂，内容精彩纷呈，适合大部分的中文学习者。

除了政府主导，孔子学院的整体规划或项目设置应该采取以市场为导向的自由变革形式而非自上而下的组织安排形式。孔子学院要以当地的教育政策为导向，同时应该以当前市场需求和潜在市场需求为依据，通过调查研究一个国家内孔子学院的饱和量，确定市场规模。随着"一带一路"倡议的推广，"一带一路"沿线国家和地区对孔子学院的需求量必然增多。此外，孔子学院的课程也应该根据学生的需求进行设置，而非全部课程由总部整体规划。需求是语言学习和使用的驱动力，总体上语言需求可分为满足工作需要的工具性动机和自我实现、自我满足的内部性动机。对于工作需要的动机和兴趣

---

① 王金秋. 汉语国际教育市场发展现状及营销对策研究［D］. 苏州：苏州大学，2017.

需要的动机，要设置不同的班级、课程，安排不同的教师，使用不同的教学方法等。比如，针对"一带一路"沿线国家和地区孔子学院的课程设置，可以适当安排商务中文、高级翻译、国际贸易、商业道德等相关课程，培养高端翻译人才，助力"一带一路"倡议的推进。因此，通过对不同年龄层的划分、不同学习目标的课程需求进行分析，孔子学院应结合自身优势资源和特点，整合总部基础项目并自主创新本土课程，形成涉及范围广、针对性强、质量水平高的完整的课程体系。①

（2）加快本土化进程，创新课程体系

在国际市场营销中，为消除政治、经济、文化等方面的差异所带来的隔阂和影响，本土化营销策略显得尤为重要。孔子学院要进行中文国际传播，就应该主动实施本土化策略，更快地融入当地的文化特色和教育体系。要大力开展本土师资培训，加大本土教师比例。本土教师相较于中方外派的教师和志愿者有着天然的优势，他们更加了解当地的基本国情、相关政策与文化风俗，更加了解当地学生的学习行为和学习习惯，也就更容易维持课堂秩序、组织教学活动，提高学生的中文学习兴趣。因此，要加大本土教师培训力度，扩大本土教师的师资队伍。此外，要鼓励各国孔子学院编写本土教材，或与当地大学、出版机构合作开发本土教学资源，各国孔子学院应该整合中国传统文化的精华以及本土文化的特色，兼收并蓄，开发适用于中学、大学等不同水平的本土教材，以及课外读物等辅助性教材。孔子学院还要结合自身优势，突出特色，创新课程，满足越来越多样化的中文学习需求，例如，中医、太极拳等中华文化课程的开设就是各国孔子学院师生和民众的强烈要求。除此之外，具有代表性的中国元素还有很多，孔子学院应该借鉴中医和太极文化课程的成功经验，开发更多的特色课程，满足中文学习越来越多样化的需求。

（3）拓宽合作渠道，增加传播媒介

孔子学院在市场化运作过程中应建立中外多方合作关系，以寻求更多的资金支持，获得额外的助力。对外合作关系涉及的相关者非常广泛，主要包括投资者、合作者、媒体以及竞争者关系等。比如，与当地政府合作成人继续教育项目，与当地高校合作中文教学课程，与当地旅行社合作中华文化之

---

① 郭莹. 一带一路背景下汉语国际教育面临的机遇和挑战［J］. 知识经济，2019（10）.

旅项目，与当地文化机构合作论坛讲座和文化活动，与媒体合作以获得营销渠道和正面推广等。孔子学院还应与学员建立平等的市场关系，提供符合学员需求的课程，让学员自主选择，与学员形成良性的供求关系，并实现孔子学院中文国际传播的目标。

孔子学院要和当地政府以及政府部门合作，这样才能够获得当地政府的支持，迅速在当地树立权威性，消解来自当地各方的疑虑，获得认同感。孔子学院可以与当地的政府部门建立语言培训方面的合作，为当地警察、外交部门、公共服务人员等提供具备专业特色的语言文化教学课程。孔子学院还要同当地的法律法规、规章制度接轨。了解当地学校的准入规范、科目认证、学术资质等。同时，孔子学院与当地大学在文化、机构管理上存在很大的差别等，这些都需要孔子学院的相关负责人员提前熟悉各方面的业务要求。除此之外，孔子学院还应该多邀请当地的领导参与各项活动，虚心接受当地领导的建议和意见，以获得当地领导和民众的认同感。

孔子学院应该增强与当地高校以及内部相关院系的合作，积极融入高校。第一，要结合当地文化，设置中文课堂、文化课堂，开办讲座、展览、研讨会，举办高端学术论坛，开展经常性的师生交流活动，推动设立双语学校或将中文纳入当地大学的教学体系，成为中文课程培训、中国文化展示的重要平台，促进当地大学学科建设及校园文化的多样性发展。第二，孔子学院应该为当地大学与中国高校的交流搭建平台，与中外大学合作开展学术研究项目，推动中外师生互访和两国大学间的友好交流合作。第三，孔子学院应该选拔多样性的教师，研究型的教师有利于提升孔子学院的学术研究能力，应用型的教师有利于提升学生的实践能力，这样才能将孔子学院和高校利益、目标融为一体，使孔子学院与当地高校的合作更加紧密。孔子学院要根据自身特点及需求，创新发展思路，拓宽合作渠道，真正成为高校发展的推动力、中外交流的黏合剂。

日常生活中，最普遍的人际交往也是语言传播和推广中最重要、最基础的渠道，有着不可替代的作用。中文国际传播的人际交往主要包括华人和本土民众。一方面，华人是中文在人际传播中最具活力的媒介。分布在世界各地的华侨和华裔中有很大一部分始终坚守中国传统文化，不忘初心。他们依然保留着中国的风俗习惯，保持着传统的生活方式，积极组织和参加各种华人社团，在世界各国形成了独具魅力的华人社会。中文在维系华人的故土情结和密切人际关系方面具有举足轻重的作用。因此，孔子学院应该加强与华人组织的联系，积极与华人组织合作举办各种文化活动，并吸引当地居民参与，这将有助于推动中文在华人群体中的传播。另一方面，近年来中外贸易不断增强，出国旅游人数不断攀升，中文的工具性需求也大大增加。这就使得有些当地民众因为工作关系，需要学习和使用中文，还有一些民众是中文学习的潜在需求者。孔子学院应该在当地举办各种文化活动、志愿活动，走进社区，或者邀请当地社区民众参与活动，与当地居民交流互动，引导他们正确地认识中国，吸引他们学习中文。

除了民众，媒体也是重要的传播媒介。媒体有实时性、权威性、扩散快、范围广等特点，能够迅速地深入居民生活的方方面面，影响民众对于中国以及中国文化的认识和态度。因此，孔子学院应该重视和当地媒体的合作，也要学会如何应对当地媒体。孔子学院要经常性地邀请媒体参加自己举办的各项活动，或与当地媒体合作举办活动，认真接受媒体的访问，寻求共同价值，探索深层次的合作，从而提高在当地的社会影响力。

总而言之，孔子学院与当地政府、高校、企业、媒体和民众建立多方合作关系，不仅能为孔子学院提供更多的资金和渠道支持，也有利于孔子学院品牌在当地的推广，扩大孔子学院的社会影响力，提升孔子学院在当地的认可度和信任度、声望及地位。世界各地的孔子学院都应该根据自身特点及需求，进行多领域合作与交流，以保障孔子学院的稳定、深入发展。

2. 国内高校国际中文教育市场发展的营销策略建议

（1）提高教育教学水平，发挥品牌效应

近年来，国家制定了一系列政策，旨在发展国际中文教育、推进来华留学教育事业发展。为促进中文国际传播的进一步发展，国内高校应该努力提高学校的教育教学质量和科研水平，进一步打造世界知名品牌。

对于国际中文教育来说，中文学习是留学生所需的，提高教育教学质量属于市场营销策略中的产品策略。第一，提高教育教学质量要妥善解决对外中文教学中的"三教"问题，也就是要提高教师的教学能力、提升教材的质量和创新教学方法。第二，国内各高校要加强对中文的本体研究和对中文教学体系、教学方法等的研究。国内各高校要利用好这种天然的优势，研究出更加科学、更适合中文特征的教学方法，为留学生提供更高质量的教学服务，满足留学生的需求。第三，要加强对国际中文教育专业学生的培养，提高中文国际教育专业学生的实际能力和水平,这样才能促进国际中文教育工作的开展,有利于留住国际中文教育专业的优秀毕业人才,扩充对外中文教师的师资队伍,缓解对外中文师资缺口大的现状,推动国际中文教育和传播工作更好开展。

国内高校除了要加强中文相关专业的科研实力和科研成就,还要提高非中文专业的学术实力和世界影响力,提高竞争力,吸引更多的非中文专业学生特别是发达国家的学生前来中国留学,借此促进中文的国际推广。因此,国内高校要想形成良好的口碑,就必须努力提高教学水平和教学质量,提高各项专业在世界的排名和品牌影响力。

国内高校要与其他相关组织合作,建立联动机制,确立战略合作伙伴关系,形成战略联盟。国内高校可以与周边国家共同建立国际中文教育教学基地,支持周边国家大学中文专业建设。同时,各大高校要与世界上的知名大学建立伙伴关系,加强合作和人员往来,形成品牌联动机制,更重要的是学习外国名牌大学有关留学生吸引、市场营销推广等方面的先进经验。此外,要努力让国外的中文教学机构成为了解我国国内高等教育尤其是中文专业的窗口,让更多体验国外中文教学机构的中文学习者来中国留学。通过国内外大学的品牌联动,让更多外国学生作为语言短期交换生到中国。

(2)争取多样化资助,拓宽合作渠道

除了提高教育教学水平、增强学校的品牌效应,各国高校为了吸引生源,还提供了多样化的资助,设立了丰厚的奖学金。目前,奖学金制度也是我国最普遍的一种方法。但与发达国家相比,中国奖学金的种类和金额都比较少,与国际标准仍有很大差距。因此,中国高校应该进行多元化的投资以改善高校教育经费不足、经费来源渠道单一等问题。各高校可以和所在地政府合作,共同开发来华留学项目。中国高校可以与外国高校、跨国集团合作办学,增加师生参与国际交流活动的机会,还可以鼓励跨国公司、外资在华公司设立企业奖学金或者提供相关的实习岗位,并择优竞聘。同时,各高校应该设置一定的岗位,供留学生勤工助学以抵消学费,从而实现留学生与高校的共赢。国内各高校还可以通过举办或参加各类教育展来营销自己的教育优势,宣传奖学金和优惠政策,吸引潜在教育服务对象。

(3)加强网络营销及网络化教育

网络营销对于各高校的国际中文教育来说是非常重要的。中国大学应该优化学校的官方网站，加强英语和更多语种的网站建设，提升用户体验，搭建宣传平台，使目标群体可以借此窗口对学校有一个更加细致、全面的了解。同时，国内高校应在国外的社交类网站上建立账号，推广学校的形象和教育理念，以求让更多的潜在留学人群了解中国高校，对中国产生浓厚的兴趣，认可中国的高等教育水平，进而来华留学。

除了网络营销，国内高校还应该积极利用好不断发展的互联网建设教学网站，开展网络化教育。一般来说，高校内部海外教育学院的受众主要是来华留学生，而来华务工的外籍人士以及家属主要会选择到对外中文培训机构学习。但无论是师资队伍的专业性、教育教学方法的科学性还是高校的品牌效应，民间的小培训机构都是不能与高等院校相比的。

3. 对外中文培训机构市场发展的营销策略建议

（1）转变模式，提供个性化服务

对外中文培训机构的学生来自世界各地，不同国家和地区的政治、经济和文化都存在差异，学生的行为习惯、学习动机、课程需求也会有所不同。如果让所有的学习者都去适应同一套课程，效果可想而知。

因此，对外中文培训机构应该根据不同的国家或者不同的需要，分设不同的子市场。对不同的子市场提供不同的教学服务，这样才能更有针对性，更具专业性。比如，按照国别或语言划分子市场，日语和朝鲜语在不同程度上与中文存在着渊源，在词汇、语法等方面与中文有着一定的相似性，那么在中文教学过程中便可以利用这种相似性，通过对比教学，求同存异，让学习者更快地了解和学习中文。如果按照动机需求划分子市场，则可以分为HSK 考试型动机、商务中文学习的工作型动机和中国文化兴趣型动机等。像HSK 考试型动机的学习者，在课堂教学中应注重知识点的学习，以 HSK 真题的考查范围为学习内容，从听力、口语、阅读理解、作文等多方面进行强化训练，加强 HSK 真题的练习。对于工作型动机的学习者，在基本的语言教学之外，可以辅以一些工作中常用的词汇和句子的教学，还可以增添一些中国的社交礼仪等文化方面的教学，帮助外国朋友更快地了解中国文化，避免在工作中因文化差异闹笑话。如果按照年龄划分子市场，则要提供不同年龄阶段相对应的学习教材，教学方法上也要有所不同。像对小学阶段的学生，在课堂教学中可以通过做游戏的方式寓教于乐，也可以将知识点融入一个个故事里，吸引他们学习的兴趣。因此，培训机构在课程设置上应该多种多样，同样的知识点，面对不同身份的学习者，教学方法、课堂活动的组织、所举的例子、课堂氛围等都应该有所不同。

（2）灵活营销，提升服务

当前社会上的对外中文培训机构不胜枚举，竞争激烈。要想打败竞争对手，占据更大的市场份额，就要提供更高质量的产品和服务。对外中文培训机构的本质是语言学校，核心产品就是语言教学。因此，对外中文培训机构要重新审视自身的市场定位，将培训机构变为语言学校，要先摒弃为了牟利而不择手段的竞争方式，像学校般给予学生最专业的教学、最系统的课程，才能获得学生的认可，在激烈的竞争中获得发展。

除了产品，对外中文培训机构的服务也要跟上，这里的服务指两方面。一是教学服务，培训机构可以设立一个学生档案数据库，详细记录学生各个阶段的学习情况，教师可以针对学生的薄弱环节进行针对性的教学。根据数据库的资料，还可以系统分析学生的学习行为和学习习惯，方便教师调整教学方式方法，让课堂教学更加有效。二是培训机构要通过服务给学生提供便利，如设立休息室、茶水间，为学生提供咖啡、茶水等，让学生在课间充分休息，能够更加专注地投入课堂学习中。

对外中文培训机构除了提供高质量的教学产品和服务，还应致力于给学生提供便利的学习条件，让学生更加方便地学习。例如，培训机构可以研发App或者创建微信群，在App或微信群中定时布置课前预习要求和课后作业、推荐优秀书目、介绍学习方法等，加强与学生的交流互动；培训机构的官方网站上可以提供每节课的录制视频，学生根据学号可以在官网的班级课程中免费观看，这样课堂上没有学会的学生可以通过观看视频继续学习，也能够加深学生对知识点的印象，有利于学生复习功课；在教学场地上，对于企业员工的语言培训，可以派专职教师在企业内部集体上课，对于前往培训机构路程较远或者不方便的学生，对外中文教师可以前往学生家里或者附近的咖啡厅等地方授课。总之，在学生享受到便利的服务时，培训机构的评价也会随之提高，有利于对外中文培训机构良好口碑的形成。

八、促进孔子学院可持续发展

孔子学院自设立以来不断为世界各国人民学习中文、了解中国文化创造便利的条件，提供优质的语言文化服务，搭建多元交流合作和沟通桥梁，已成为世界认识中国和中国走向世界的重要途径。国际中文教育作为一种创新型的实践方式，正在以文化的角色提升我国参与全球治理的能力。①

（一）弥补师资缺口

孔子学院的发展日益繁荣，数量呈直线上涨趋势，人们对于中文的学习热情空前高涨。中文教育机构和专业教师供不应求。在师资力量上，无法满足全球尤其是西北非地区对国际中文教学的发展需求，没有面向这些相关国家的专业教师，国内同样缺乏经验丰富的国际中文教学专业人才。目前中文教师的缺口已经达到了上百万，孔子学院和其他一些中文学校都面临教师力量严重不足的困境。此外，中文教材没有针对性，无法适应各个国家不同职业中文学习者的学习需求。

短期内，中方外派教师仍将是国际中文师资的主力。目前，派往很大一部分国家和地区的中方教师以志愿者为主，应增加公派教师的派出比例，尤其是尽可能增派专家型教师和研究型教师，以便对相应国家和地区的中文教育进行深入研究，提高当地中文教学的水平。同时，要加强中方教师岗前培训的针对性，培养中方教师的外语能力与职业技能。

在增加外派教师的同时，应加大本土师资培养力度，助力核心教师向专家型教师进阶，推动中文教育可持续发展。中文传播的国际化与各区域中文本土化教学的开展息息相关。② 就中文教育本土化而言，中文教育进入当地的中小学，成为外语教育体系的一个组成部分，是本土化的最好体现，是一种深层的本土化。由于西北非的部分国家尤其是毛里塔尼亚等国家的本土中文师资匮乏，过于依赖中方教师，一直是困扰当地中文教育的大问题。因此，加大本土中文师资的培养力度是解决问题的关键。③ 应完善选拔培养机制，尽快改变完全依靠中方派出教师的局面，增强本土师资队伍的自主发展和"自

---

① 田和．"一带一路"背景下国际中文教育的发展策略研究［J］．汉字文化，2022（4）．

② 吴应辉．汉语国际传播研究，一个新兴的汉语国际教育研究领域［J］．云南师范大学学报（对外汉语教学与研究版），2008（2）．

③ 张新生，李明芳．汉语国际教育的终极目标与本土化［J］．语言战略研究，2018，3（6）．

我造血"能力。① 从增加岗位设置、提供进修机会、扩大晋升空间等具体措施入手，吸引更多的中文专业优秀本科生加入师资队伍，并通过新老教师传帮带、远程培训、来华进修、在线修读硕士课程等方式助其精进业务，提升职业素养，促使新手教师迅速成长为熟手教师，以满足西北非各地区的中文教师需求。培养中文教育领域的核心教师团队，充分利用这一优势，在中方专家的指导下，依托互联网进行远程协作，积极开展中文教学大纲及考试标准的制定、本土化教材编写、中文辅助读物编写、中文教学网络资源开发等学科建设相关工作，推动并协助论证将中文纳入国民教育体系，同时向专家型教师进阶。

另外，应充分发挥孔子学院的主力作用，定期组织教师培训，加大对当地华人教师和本土教师的培养。鉴于部分地区本土教师人数较少，孔子学院可以给中文水平较高、有过中国留学经验且有志于从事中文教学工作的学生提供实习机会，鼓励他们进行中文教学。同时，还应积极推动中文师范专业的开设。就整体发展而言，孔子课堂需要加快发展步伐，力争拓展更多的中小学教学点，扩大中文教育的辐射范围，使中文真正融入当地语言教育圈。

除此之外，各教学机构应该完善教师考核机制，加强教师间的合作，鼓励中文教师通过互相听课、集体备课和教学反思等方式，促进教师专业发展。

（二）优化孔子学院教学点布局和课程体系设置

孔子学院应该在充分调研国际上不同社会中文需求的基础上，优化孔院教学点布局，聚焦社会需求，集中力量开展系统的中文教学活动。孔子学院目前以综合课为主要课型，尚未针对不同需求开设听说读写等分项语言技能课程。孔子学院若能充分利用既有教师资源，呼应学生的多元需求，从分级、分型等角度优化课程体系，将有效提升中文教学效果。②

各地国际中文教育的普遍现状是，部分学生从大学阶段才开始接触中文，学习过程中缺少语境，本土教师大量使用母语教授中文，目的语的输入量远

---

① 陈晨，李乾超，杨漱晗. 西班牙中文教育发展现状与前瞻［J］. 天津师范大学学报（社会科学版），2021（3）.

② 董洪杰，李蓓蕾. 阿尔巴尼亚中文教育发展现状研究［J］. 国际中文教育（中英文），2022，7（1）.

远不够。中方教师多数不是国际中文教育专业背景，教学工作中备课制度执行不彻底，导致教学达不到预期效果。因此，应从改善教学方法、严格执行备课制度、增强教师专业性三方面着手提高教学质量。国际中文课程体系虽日渐规范与完善，但缺少如经贸中文、工程中文等与择业密切相关的实用类课程。因此，应加强与用人单位的沟通，通过增设相关课程、加强真实任务导向的教学、组织企业实践活动、提供实习机会、校企合作定向培养等手段，以用促学，打通中文人才培养及就业通道，以中文教育及传播带动就业，以就业促进中文教育与传播，双向促动，良性循环。①

目前，部分国家和地区使用的中文教材基本为中国国内编写的通用型教材，不太适合当地的教学情况，且常常存在教材无法获得的问题，因此要进一步选取适用的教材，在条件成熟时，应开发适用于当地教学情况的国别化教材。另外，还应丰富教学资源的形式，依托互联网技术，开发数字化的中文教学产品，丰富教学资源，充分发挥现代媒体技术的优势，打造网络中文授课平台。

另外，还需不断丰富课程类型，深化文化教学内容层次。部分地区中文教育的课型以综合课为主，形式单一，应该根据学生学习需求开设商务中文、翻译中文等专门用途的语言课。除了语言课，各地的教学机构均会开设文化课，但是文化课的教学内容缺少深层次的中国文化教学，应该创新形式，除传授技艺层面的显性中华文化，也需要进行思想等更深层次的文化教学，同时开展从语言到文学、经济、科技等多维度的文化活动，提高文化活动的水平，扩大文化影响力。

就具体课程而言，无论是初级课程教学，还是中级或者高级课程教学，必须走本土化的道路。本土化也就是"当地化"，"当地化"体现的是中文教育融入当地因素，逐渐具有当地特色的发展趋势。利用当地的语言资源、文化资源和教师资源等因素提高学习效率。② 教学内容本土化指的是在讲授规范的汉语言文字和中国传统文化内容的同时，融入本土的国情、社会生活、风俗习惯等内容，用中文传授本土文化，激发学习者的学习兴趣，提高学习者的学习热情。增强中国文化与本土文化的融合度，加强中文教学和中非文化

① 黄洁. 斯里兰卡汉语教学机构现状调查［J］. 国际中文教育（中英文），2022，7（1）.
② 李宇明，施春宏. 汉语国际教育"当地化"的若干思考［J］. 中国语文，2017（2）.

交流的内容建设，是实现中文本土化教学的必然要求。教师应该根据需要，整理出适用于当地的高频词汇，同时注重文化话题的选择，要将中国话题与当地学生比较感兴趣的话题相结合。另外，增强中国文化与本土文化的融合度，加强中文教学和中国文化交流的内容建设，是实现中文本土化教学的必然要求。

课程设置方面，可以根据各地实际情况设置不同类型的语言课程。不同的学生有不同的交际需求，这些需求必须反映在教学内容中。在多元学习目的下，针对不同的教学对象应该设置不同的课程内容。在进行文化教学时，应该多关注、多解读发展中的中国，解读新时代的中国梦，让当地民众可以全方位地、真实地认识中国、了解中国、信任中国。[1] 因此，西北非地区中国文化课程设置也要冲破传统内容的束缚，加强传统与现代的结合，突出时代性和多样性，更全面地展示中国文化的魅力。

（三）推动构建良性政策环境

以阿尔巴尼亚中文教育为例，中阿双方若能推动签署高等教育学历学位互认协议，将突破两国在高等教育领域合作的政策瓶颈，推动包括中文教学在内的各项合作走向深入。两国应当共同关心中国外派教师的教学和生活，为他们在当地开展中文教学提供更多帮助和支持，为建立一支稳定的师资队伍提供多元化的保障。[2]

（四）成立中文教育行业协会，统筹指导国际中文教育发展

目前，大多数国家和地区的中文教学机构各自为战，缺少交流与合作。[3] 因为没有协调中文教育发展的组织，很难统计到中文教学机构的具体数量和情况，因此应充分发挥孔子学院及其所在大学的带头作用，成立中文教育行

---

[1] 徐丽丽，余可华．"一带一路"新形势下的菲律宾汉语教学发展策略探析［J］．国际汉语教育（中英文），2018，3（1）．

[2] 余星．格林纳达中文教育发展调查与研究［J］．国际中文教育（中英文），2022，7（1）．

[3] 王兰婷，邢鸣．秘鲁中文教育发展现状、问题与对策研究［J］．国际中文教育（中英文），2022，7（1）．

业协会，统筹指导国际中文教育的发展。孔子学院作为中文教育的主要机构，应该充分团结在外的中国组织机构、企业和个人。例如，加强同驻外使馆、中资企业、中餐馆、中医从业人员的合作，为中文学习者提供就业渠道，营造目的语环境，从而提升全球中文影响力。

（五）加强对国际中文教育和中文学习者的研究

中文教育离不开所在国的社会、政治等环境，要想更好地推动中文教育在当地的发展，就需要加强对当地社会、教育环境的调研。另外，各地中文学习者有不同的性格特点和学习需求，应加强对中文学习者的研究，了解其性格特点、学习动机和学习需求，从而有的放矢，更好地开展中文教学。①

从国际中文教育汉字教学研究内容来看，高频关键词反映出目前汉字教学的研究大多数集中于汉字教学法的理论层面研究，在一定程度上对教学方法、教学手段等教学实践的研究有所不足。因此，应将汉字本体研究及汉字理据性理论进一步体系化，完成当下汉字理论与线上汉字教学的衔接问题，实现线上教学与传统课堂的完美融合。另外，应建立跨学科研究意识，从单一的汉字教学转向多学科、跨学科的综合研究，运用线上资源开展有针对性的深入研究，加强对研究文献的筛选、分类和总结，从多维度、多元化角度进行中文教学研究，寻找新的切入点，创新的同时均衡各个方面的研究量。②单一的理论研究不能满足需要，还应不断加强教学方法、教学手段等应用型研究，因此后续研究在拓展学科视野的同时，需要综合运用多种科学研究方法，以探求更多的研究发现。③

（六）全方位、立体化推进中文传播，讲好中国故事

要改变中文传播范围过窄、传播手段单一的状况，必须全方位、立体化

① 沈微. 汉字读、写能力与汉语总体水平的相关性分析：以巴塞罗那孔子学院中级兴趣班为例[D]. 北京：北京外国语大学，2018.

② 李春红. 文化传播视阈下国际汉字教学改革刍议[J]. 汉字文化，2020（5）.

③ 李宝贵，郭爽，李慧. 国际中文教育汉字教学研究的回顾与前瞻：基于文献计量学视角[J].云南师范大学学报（对外汉语教学与研究版），2022，20（2）.

推进中文传播。除了将中文教学扩大到中小学,注重文化活动在社区的传播,还要增加更多、更接地气的有关中文的广播电视节目,辐射广大的城市和农村。要注重发挥新媒体的优势,制作不同类型的中文教育内容,通过网络媒体传播到不同人群,或结合中国产品的推介、借助手机应用软件等传播相关资讯,例如,在政府和国际社会的支持下,借助中兴等中资公司的技术支持,近几年如阿尔及利亚、毛里塔尼亚、摩洛哥等西北非国家基本实现了4G或5G网络等的覆盖。当地中文学习者还常用微信、百度、喜马拉雅等作为社交或学习软件。因此,中文教学一定要正视移动互联时代人们学习习惯的变化,突破以纸质教材为主的传统课堂面授模式,更新教学方法和手段,重视研发契合移动互联时代新需求的学习软件,这在经济落后但移动互联网发展较快的西北非国家同样适用。①

即使是中国国际中文教育基金会这样的非政府组织进行管理的孔子学院,在中文教学和文化传播的过程中仍然肩负着增进文化认同、提升国家形象的重大使命。该教育机构以语言为依托进行文化输出,其文化传播方式对学习者深入了解中国文化起到重要作用,应积极探索有效的传播机制,创新传播内容,展现积极构建人类命运共同体的中国形象。

孔子学院在传播中华文化的过程中,要全面地介绍中国特色文化,要充分把古代和现当代中国的经济社会发展、人文情怀展现给世界,用生动的中国故事影响社会。孔子学院一直以来承担的主要功能是中文教学,通过语言教学方式传播中国文化,这在一定程度上表现出重教学轻文化的特征,与其他推广文化的语言教学机构存在着很大区别,而且很多语言教学内容所反映出的文化内容涉及的中国现当代内容较少,多以古代文化内容为主。因此,孔子学院要突破这样的限制,不要把自身仅仅定位为一个语言培训机构,而要充分利用文化资源丰富的优势,把中国古代文化和现代文化、经济社会和文化结合,创新双向文化传播机制,帮助学习者从当前文化活动的体验式转变为沉浸式,从而建立起对中国人文精神和价值观的理解。孔子学院开展文化交流活动讲述中国故事时,要注意进行平等对话和双向交流,精心设计符合当地实际的语言文化项目,善于运用学习者喜闻乐见的方式传播中华文化,

---

① 刘颖,王西.阿富汗中文教育的现状、挑战与发展建议[J].国际中文教育(中英文),2022,7(1).

增强中华文化的感染力。①

　　孔子学院要继续提升办学质量，打造各种特色品牌项目，特别是要利用中外合作办学模式，加强与国外高校的合作，以合作研究、学生交换、科研人员互访等形式促进国内外高校在科技研发、环境保护等方面的学术交流和科研合作，进一步带动其他领域的合作，不断在文化交流中为社会可持续发展输送人才。另外，要以孔子学院为媒介，把包容、开放、和谐的中国理念融入国外的校园和社区中去，结合当地实际，探索"教育＋文化"的交流新途径，实现文化的和谐共生。

　　① 李佳琪．构建"人类命运共同体"视阈下孔子学院的困境与出路［J］．公关世界，2021（2）．